중단 없는 기도

로버트 벤슨 지음 | 안정임 옮김

Ivp

한국기독학생회(IVF : InterVarsity Christian Fellowship)는
'캠퍼스와 세상 속의 하나님 나라 운동'을 비전으로
'캠퍼스 복음화, 기독 학사 운동, 세계 선교'를 사명으로 삼고 있는
초교파적, 복음적인 신앙 운동체입니다.

IVF는 전국 각 대학에서 활동하고 있으며
이에 대한 자세한 사항은
IVF 홈페이지 www.ivf.or.kr
(전화 02-333-7363)로 문의해 주시기 바랍니다.

IVP는 InterVarsity Press의 약어로
한국기독학생회(IVF)의 출판부를 뜻합니다.

본서의 전부 혹은 일부를 서면 인가 없이 복사
(프린트 · 제록스 · 마스터 · 사진 및 기타)할 수 없습니다.

Copyright ⓒ 2008 by Robert Benson
Originally published in English under the title *In Constant Prayer*
by Thomas Nelson, Inc., 501 Nelson Place, Nashville, TN 37214, USA.
All rights reserved.
Korean Edition Copyright ⓒ 2010 by Korea InterVarsity Press,
Seoul, Republic of Korea.
Translated and used by permission of Thomas Nelson, Inc. through
arrangement of rMaeng2, Seoul, Republic of Korea.

본 저작물의 한국어판 저작권은 알맹2 에이전시를 통하여 Thomas Nelson, Inc.과
독점 계약한 한국기독학생회출판부에 있습니다.
신 저작권법에 의하여 한국 내에서 보호받는 저작물이므로
무단전재와 무단복제를 금합니다.

The Ancient Practices Series 02

In Constant Prayer

Robert Benson

나인스앤브로드웨이(Ninth and Broadway) 교회 식구들에게 이 책을 바칩니다. 아울러 "침묵과 가난한 자의 친구들"(The Friends of Silence and of the Poor)에서 일하는 모든 분들께 이 책을 바칩니다.

추천사

기독교는 시간을 중요시하는 종교다. 시간의 주인이신 하나님이 시간의 제한을 받는 우리를 위하여 시간 속에서 일하시고, 자신을 계시하시기 때문이다. 그러므로 시간이 없다면 우리는 하나님에 대한 올바른 지식을 가질 수가 없고, 그분이 어떤 분이신지 알 수 없게 된다. 성경의 많은 기사들은 시간이 하나님의 창조와 구속 사건을 성취하는 도구가 되었음을 증거한다. 출애굽 사건, 약속의 땅 가나안 정복 사건, 사사와 선지자를 통한 구원의 사건, 그리고 마침내 성육신 사건을 통해 하나님은 시간 속에서 우리를 위한 구속의 역사를 이루셨다. 그러므로 시간은 하나님이 일하시는 현장이요, 창조와 구속 사건이 일어나게 하는 하나님의 도구다.

그래서 교회는 전통적으로 이런 하나님의 구속 사건을 계속 체험할 수 있는 하나의 체계를 개발하게 되었는데, 그것이 바로 교회력(절기)이다. 교회는 절기 예배를 통해 하나님의 구속 사건을 재현한다. 그리고 성령의 역사와 도우심을 통해 우리는 예배 가운데서 구속 사건을 체험한다. 예를 들어 예배 가운데 역사하시는 성령의 도우심으로 출애굽 사건은 과거의 사건이 아니라 바로 오늘 나를 구원하시는 하나님의 역사가 된다. 그리고 갈보리 십자가의 성육신 사건은 바로 오늘 나를 죄와 사망 가운데서 구원하시는 구속 사건이 된다. 그리하여 교회는 초기부터 자연스럽게 예수 그리스도의 구속 사건을 예배 가운데 재현하면서 구속의 은혜를 계속 체험하고 누릴 수 있게 되었고, 그 열매로 남겨진 것이 바로 교회력이다. 따라서 교회력은 예수 그리스도의 탄생, 죽음, 부활, 그리고 재림 안에서 완성된 우리의 구원 역사를 예배 가운데 해마다 되새김으로, 우리에게 구원사의 모든 과정을 끊임없이 체험하게 해주는 은총의 도구다.

초대교회 때부터 경건한 그리스도인들은 이렇게 연(年), 월(月), 혹은 주(週)를 중심으로 이루어진 절기예배와 주일예배를 통해서뿐만 아니라, 매일의 시간을 통해서도 예수 그리스도 안에서 역사하신 하나님을 만나는 체험을 했다. 즉 그들은 하루의 일정 시간을 예수 그리스도 안에서 역사하신 하나님을 만나는 시간으로, 그분을 기억하며 예배하는 시간으로 삼았던 것이다. 예를 들어 주후 215년경의 "사도전승"(Apostolic Tradition)이라는 문헌에 따르면, 초대교회 그리스도인들은 3시(오전 9시)는 예수 그리스도께서 십자가에 못박힌 순간으로, 6시(정오)는 온 땅의 빛이 사라지고 어두움이 임하며, 십자가에서의 고통이 극에 달하는 순간으로, 9시(오후 3시)는 예수님이 돌아가신 순간으로, 저녁은 예수님이 무덤에 누워 계시는 순간으로, 새벽은 빈 무덤을 발견한 시간으로 부활의 순간으로 기억하면서 기도하였다. 또한 테르툴리아누스나 오리게네스 등 초대교회의 교부들은 떠오르는 태양과 지는 해를 보면서 아침과 저녁에 하는 기도가 그리스도의 부활과 재림을 기념하고 대망한다고 가르쳤다. 이런 모든 증거들은 초대교회 공동체가 새벽부터 시작하여 밤늦게까지 하루의 각 시간들을 예배하며 기도하는 가운데 우리를 구원하시는 하나님을 만나는 거룩한 순간으로 삼았다는 것을 보여 준다. 이것을 한마디로 표현하면 '시간의 성화'라고 할 수 있다.

초대교회 때부터 전해진 이 고귀한 경건 훈련이 교회의 역사를 통해 수도원 전통으로 이어지게 되었는데, 이것이 바로 성무일도 혹은 성무일과다. 성무일도란 '하루 중 일정한 시간에 일정한 형식을 갖추어 하나님께 드리는 규칙적인 기도'를 말하며, 좀더 구체적으로 설명하면 말씀과 찬양, 기도 등을 통해 매일, 매시간, 매순간을 하나님과 연합하는 삶을 살도록 하는 교회의 고귀한 유산이다. 그러므로 성무일도는 로마 가톨릭만의 기도 전통이 아니다. 오히려 성무일도는 초대교회 성도들로부터 시작해서 '2천 년이라는 시간 동안 그리스도인들을 창조주 곁으로 이끌었던 가장 기초적인 방법'이다. 그리고 이것은 '성도의 하루 하루, 즉 우리 삶 자체를 성화하는 길'이었다.

「중단 없는 기도」는 초대교회 때부터 내려온 교회의 가장 고귀한 유산들 가운데 하나인 이 성무일도를 우리에게 새롭게 소개하고 있는 소중하고 의미 있는 책이다.

매일, 그리고 매순간, 시간의 성화를 통해서 하나님과 온전히 하나되며, 더 나아가 우리 삶 전부가 '거룩한 시간의 낭비'로 승화되기를 원하는 모든 그리스도인들에게 일독을 권한다.

주승중(장로회신학대학교 실천신학 교수)

추천사　　6
서문　　13

　1장　영적 순례　　17

　2장　다시 찾은 기도의 전통　　29

　3장　성무일도를 시작하며　　41

　4장　기도의 역설　　57

　5장　거룩한 의무　　73

　6장　우리 시대의 진정한 재산　　87

7장 유일한 길   103

8장 함께, 홀로 드리는 기도   117

9장 보이지 않는 진리   133

10장 위대한 기도의 강   151

후기   163
부록 1 성무일도 견본: 아침기도   165
부록 2 참고 문헌   169
부록 3 용어 풀이   173

기독교 전승에 따르면 성무일도는 초대교회 시대로 거슬러 올라가 낮과 밤의 모든 일과를 거룩하게 하기 위해 만들어졌다고 한다.… 그것은 바로 예수 그리스도 자신이 이 세상에서 육신으로 사시는 동안 하나님 아버지께 드린 기도이기도 했다.

「가톨릭 교회 백과사전」에서

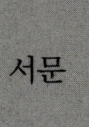

서문

작고한 로버트 웨버(Robert Webber) 박사는 40여 년 전, 포스트모던, 후기 기독교 시대를 살아가는 그리스도인들을 향해 매우 의미심장한 두 마디를 남겼다. 기독교는 점차 "캔터베리 도상의 기독교"(구교의 전통을 추구하는 기독교라는 의미—편집자 주)가 되어 가고 있으며 과거의 신자들이 추구했고, 또 지금도 우리가 추구하고 있는 것은 "과거적 미래"(ancient future)로의 긴밀한 접근이라는 것이다.

로버트 웨버 박사의 말이 옳았다. 상황 묘사나 미래의 예견에서 그의 견해는 적중했다. 실제로 우리는 점점 더 과거 신앙인들이 보여 준 경건의 훈련으로 돌아가려는 추세를 보이고 있다. 그러한 훈련은 우리의 신앙을 복돋워 주고 더 온전하게 채워주기 때문이다.

우선 우리의 눈길을 끄는 과거의 신앙 훈련으로 '일과기도', '성무일과', '시간전례' 등 여러 가지 이름을 가진 성무일도가 있다. 이름은 다양해도 결국 같은 말이다. 이것은 세상에서 하루 일과를 보내는 동안 세 시간에 한 번씩 기도로 성화된 예배 시간을 갖는 것을 의미한다.

1990년대 중반과 말에는 미국을 비롯한 세계 여러 나라에서 성무일도 책자들이 홍수처럼 쏟아져 나왔다. 일반인과 성직자가 개인적으로나 공동체적으로 규칙적인 기도를 드릴 수 있도록 돕고자 하는 책들이었다. 성무일도를 오랫동안 실천해 온 로버트 벤슨과 나도 그러한 책을 집필했고 성무일도의 평생지기였던 많은 사람들이 동참했다.

점차 사람들의 관심이 고조되는 가운데 저명한 신학자 스콧 맥나이트(Scot McKnight) 박사가 「교회와 함께 기도하다」(Praying with the Church)라는 책을 통해 교회 **안에서** 기도하는 것과 교회와 **함께** 기도하는 것의 차이를 설명했다. 맥나이트 박사는 명료하면서도 매우 구체적인 언어로 두 가지 형태의 예배에 대한 신학적 기반을 정립하고 그 실제적인 차이를 비교했다.

그 후 5, 6년이 지나, 로버트 벤슨이 또 다른 선물을 들고 독자들을 찾아왔다. 그는 「중단 없는 기도」를 통해 우리에게 성무일도의 시적인 아름다움을 드러내 보여준다. 벤슨 특유의 노련하고, 온화하고, 단아한 문장 속에서 성무일도가 그저 눈길을 끄는 신앙 생활의 한 형태만이 아니라 주님을 갈망하는 모든 그리스도인들이 누릴 수 있는 활짝 열린 길임을 볼 수 있다. 과거 선조들의 영혼을 사로잡았던 이 경건한 훈련의 아름다움이 이 책에서 우러나와, 우리의 영혼에 잔잔한 파문을 일으킬 것이다.

모든 교회들이 벤슨의 노력에 아낌없는 찬사를 보낼 만하다고 믿어 의심치 않는다.

필리스 티클(Phyllis Tickle)
"영성의 보화 시리즈" 편집자

1장
영적 순례

보고 들은 것을 전하라.

나사렛 예수

우리는 하나님이 모든 곳에 임재하신다고 믿는다.…그러나 무엇보다 성무일도를 수행할 때 하나님이 함께하신다는 사실을 의심 없이 믿는다.

성 베네딕투스 규칙서

당신이 가장 필요로 하는 것을 붙잡고 놓아 주지 않는 것은 적절하고, 온당하며, 순종하는 것이고, 순수한 일이라고 생각한다. 그것에 매달려 흐느적거리는 한이 있어도 끝까지 따라가라. 당신이 어떻게 살든 상관없이 언젠가는 찾아올 죽음마저도 당신을 그것에서 떼어놓지 못하리라.

애니 딜라드(Annie Dillard)

나와 절친한 사람 중에 앨라배마 주에 사는 베티라는 여성이 있다. 나는 종종 베티라는 이름을 거론하며 기도하는데, 그녀에게 내 기도가 필요해서가 아니라 내가 베티와 친한 사람인 걸 하나님이 기억해 주시길 바라서다.

언젠가 한 사제가, '하나님은 누구도 편애하지 않으신다'고 말했다. 그리고 그분은 야릇한 미소를 지으며 '그런데 하나님이 특별하게 생각하는 사람들이 분명히 있는 것 같다'고 덧붙였다. 그 말이 사실이라면 베티도 그 중 한 사람일 것이다.

내가 베티처럼만 기도할 수 있었다면 아마 지금 이 책을 쓰고 있지는 않았을 것이다.

이 책은 '성무일도'라는 기도법에 대한 책이다. 성무일도는 기독교의 오래된 기도 방식으로서 '일과기도', '성무일과', '시간전례', '예배일과' 등 여러 가지 다양한 이름으로 불린다. 그 뿌리가 초대교회로 거슬러 올라가는 이 기도법이 요즘 그것을 모르던 그리스도인들 사이에서 새롭게 관심의 대상으로 떠오르고 있다.

나 역시 그런 사람들 중 하나다. 어쩌다보니 나이 마흔에 성무일도를 알게 되었고 그후 거기서 빠져나오지 못하고 있다.

전에 '영성훈련학교'라는 곳에서 65명의 사람들과 함께 2년간 훈련을 받은 적이 있다. 우리는 3개월에 한 번씩 모여 1주일간 집중 훈련을 받았다. 기도의 역사와 전통에 대해 배우고 그 지혜와 옛 방식을 현대의 바쁘고 복잡한 삶 속에 접목할 수 있는 방법을 모색하는 자리였다.

그리고 어느새 15년이 흘렀다. 그때 배운 기도와 묵상은 지금도 내 마음을 사로잡고 있으며 여전히 나는 그 모든 내용을 실천하려고 노력한다. 나는 조금만 더 똑똑하게, 참을성 있게 그리고 헌신적으로 그런 기도를 파고든다면 그 속에 묻힌 어마어마한 보화를 발견하리라 확신하고 있다.

처음 그런 기도를 시작했을 때보다 지금의 내가 훨씬 더 거룩해져 있지는 못하지만, 여전히 나는 노력하는 중이다.

영성훈련학교에서 집중 훈련을 받을 때에는 날마다 아침 7시에 아침 기도를 드린 다음 조반을 먹었다. 해가 지면 저녁 식사가 준비되는 동안 모두 한자리에 모여서 저녁기도를 드리고 성찬을 함께 나누었다. 밤 9시 30분이 되면 밤 기도(죄 고백과 찬양)를 드린 후에 하루 일과를 모두 마감하고 '대침묵'에 들어갔다. 즉, 잠을 자면서 하나님이 어둡고 텅 빈 공간을 향해 또 다시 "빛이 있으라"고 속삭이시는 음성을 기다리는 것이다.

내가 시인이라면 당신을 그때 그 자리로 데려갈 수 있으련만….

일렬로 의자를 놓으면 4백 명을 수용하는 대강당에서 우리는 함께 기도문을 외었다. 그 건물은 노송으로 만든 판자로 벽을 세우고 위쪽에 커다란 들보를 얹어 지은, 수련회장에서 흔히 볼 수 있는 예배당 건물이었다.

1930년대에 지은 건물이 아닐까 하는 생각이 들었다. 아마도 우리 아버지가 보셨다면 벽마다 웃음이 서려 있다고 했을 것이다. 그리고 그 벽에는 눈물과 기도와 찬양과 외침과 슬픔도 어려 있을 것이라고…. 나는 고요한 밤에 몇 시간씩 강대상 앞에 혼자 앉아 있곤 했다.

강당의 의자들은 언제나 둥그렇게 두 줄로 놓여 있었고 그중 한 군데만 간격을 벌여 촛불 행렬이나 제단에 바칠 헌물이 들어오게 했다. 반대편에는 제단이 놓여 있었다. 따라서 어느 자리에 앉든지 영적 순례를 함께 하는 사람들을 마주보았다. 그것이 우리 모두에게 적잖은 위로가 되었다.

형제자매들과 함께 스무 번 성무일도를 드렸던 그 주간이 내게 얼마나 뜻깊은 시간이었는지 글로는 다 표현할 수가 없다. 지금도 가만히 앉아 있으면 예식에 참여하여 기쁨과 진지함으로 시편의 가사를 노래하던 그들의 노랫소리와 송영이 내 귀에 쟁쟁하게 들려온다. 심지어 그들의 침묵까지도 들을 수 있다.

베티도 그중 한 사람이었다. 저녁이 되면 우리는 소그룹으로 모여 그날의 일과를 이야기하고 이런저런 신앙적 격려를 나누었다. 그런 다음 서로 기도 제목을 나누고 돌아가며 기도를 드렸다.

베티는 이런 식으로 기도했다. "예수님, 앨런의 허리 통증이 아침에는 나아지게 해주세요." 그러면 다음 날 아침 앨런의 허리 통증이 나아졌다.

만약 베티가 "예수님, 로버트가 걱정하지 않도록 도와주세요"라고 기도하면 다음 날 나의 걱정이 대부분 사라졌다.

6일간 폭우가 쏟아졌을 때 베티는 "예수님, 내일은 저희가 집에 돌아가야 하니까 날씨가 좋아지게 해주세요"라고 기도했는데 우리가 미처 '아멘'이라는 말을 하기도 전에 비가 그쳤다. 맹세컨대 사실이다. 증인도 있다.

그 뒤부터 우리 소그룹 사람들은 속상한 일이나 어려운 문제가 생기면 베티에게 전화를 걸었고 베티는 우리를 위해 기도해 주었다. 심지어 우리가 전화를 걸기도 전에 베티는 무엇이 문제인지를 늘 알고 있었다. 그렇게 신기하고 놀라운 일은 생전 처음이었다. 때로는 무섭기까지 했다.

기도 생활을 하는 그리스도인 중에는 하나님과의 친교, 즉 창조주에 대한 순전한 믿음으로 순전한 대화가 가능한 비범한 신앙인들이 있다. 분명히 있다. 당신이 다니는 교회에도 그런 사람이 한두 명은 있을 것이다. 그들은 대표기도를 많이 부탁받는 사람이 아니라 당신에게 뭔가 심각한 일이 발생했을 때 전화를 걸게 되는 그런 사람들이다.

이 글을 읽는 당신이 그런 사람이라면 내가 기도에 대해 당신에게 가르칠 것은 그리 많지 않을 듯하다. 대신 내가 지금 허리가 아프고, 몇 가지 일 때문에 걱정이 되고, 일기예보를 보지 않았지만 일정상 맑은 날이 며칠 필요하다는 얘기를 꼭 들려주고 싶다. 당신에게 폐가 되지 않는다면….

당신이 그런 사람이라면 아마 그 사실마저도 이미 알고 있었으리라. 그리고 내가 기도에 대해 이야기할 내용이 당신을 제외한 다른 사람들에게 해당하는 이야기인 것도 이미 알고 있을 것이다.

나는 교인들 모두가 베티처럼 기도해야 한다고 믿는 교회에서 성장했다. 베티 근처에도 못가는 교인들에게도 그건 똑같이 적용되는 의무였다.

그래서 나는 베티처럼 기도했다. 하지만 누구도 허리 통증이 나아지지 않았고, 비도 그치지 않았고, 문제도 해결되지 않았고, 근심도 사라지지 않았다. 그렇게 간절히 기도했건만 누구의 병도 치료된 적이 없었다. 기도해 봐야 아무 소용도 없다는 생각이 서서히 고개를 들었다. 아니, 사실은 내가 하는 기도라서 소용이 없다는 생각이 들었다. 한때는 좀더 큰 소리로 눈물을 흘리며 기도하면 될 거라는 생각도 했었다. 하지만 결국 하나님은 내 기도를 들으시지 않는다고 생각하고 체념하게 되었다.

그러다가, 더 근본적인 이유는 내가 나 자신의 기도를 하지 않고 베티의 기도를 하려고 했기 때문이라는 결론에 도달했다.

처음으로 색다른 방식의 기도 생활을 접했을 때, 그러니까 내가 은연중에 갈구했던 기도 방식을 마침내 찾아냈을 때 나는 그것이 나처럼 사색하기 좋아하는 사람들을 위한 것이라고 생각했다. 수줍음 많고 시인 기질을 타고난 사람들, 대화보다 침묵을 좋아하고 행동보다 가만히 있는 것을 좋아하는 나 같은 사람들에게만 어울리는 기도 방식이라고 확신했다.

나는 곧장 우리 교회 교인들까지 나처럼 관조적인 인간으로 변화시키는 작업에 돌입했다. 일을 그만두게 하든지, 외향적 성격을 개조하든지, 무슨 짓을 해서든지 그들을 도스토옙스키의 표현대로 세속을 떠나 눈물로 세상을 적시는 수도사로 만들어 보려고 했다.

하지만 성과는 미미했다. 외향적 인간도 내향적 인간만큼이나 만만치가 않았다. 그들이 어디서나 시끄러운 존재라는 건 익히 알고 있었지만 수적으로도 우세하다는 것은 미처 몰랐다. 알고 보니 나 같은 성향은 빙산의 일각에 해당했다. 심리학자들에 의하면 백 명 중에 한 명만이 나처럼 내향적 성향이라는 것이다.

사실이 그렇다면 내가 한 발짝 물러설 수밖에 없었다. 성무일도 식의 기도는 결국 당신과 나 같은 선택된 소수(조심스럽게 들어 보면 이 말에는 어떤 고백이 담겨 있다), 깨달음의 빛을 얻은 자, 떨치고 일어나서 이 시대 교회의 성화를 위해 기도할 수 있는 자들을 위한 것이었다고 안타까운(?) 심정으로 자신을 위로할 수밖에 없었다.

나는 성무일도 식의 기도가 이 세상의 베티들, 즉 하나님과 은밀한 대화가 가능한 아주 특별한 신앙인들에게는 맞지 않는지도 모른다는 생각이 들었다. 아주 가끔 예전의 베티가 그랬던 것처럼, 그들이 우리 같은 평범한 이들을 만나서 함께 신앙 생활을 하는 은총의 시간이 우리에게 주어지지 않는 한 말이다.

아울러 그런 옛 방식의 기도는 관조적이고 내향적인 사람들에 더하여 수도원 같은 곳에서 생활하는 사람들이나 예복, 사제복 등을 입는 특수한 사람들에게도 적합할 것이라고 생각했다. 그러니까 나처럼 말주변이 없어서 사람들과 잡담도 나누지 못하고 외톨이가 되는 위인들만이 아니라 나보다 더 홀로 있기를 즐기는 사람들이 드리는 기도임이 분명해 보였다. 나 같은 사람들이 옛 방식의 기도 생활에 수월하게 적응할 수 있듯이 그들도 문제없이 적응할 거라고 믿었다.

성무일도 식의 기도가 모든 그리스도인들을 위한 기도는 아니지만 그렇다고 해서 소수만을 위한 기도라고 오해하지는 말아야 한다. 성무일도는 선택받은 소수의 그리스도인, 특별한 신앙인들만이 아니라 우리 모두가 드릴 수 있는 기도다.

예나 지금이나 그 사실은 변함이 없다. 2천 년이라는 시간 동안 성무일도는 그리스도인들을 창조주 곁으로 이끄는 가장 기초적인 방법이었다. 그것은 성도의 하루, 일, 관계, 즉 우리의 삶 자체를 성화하는 길이었다.

기도하는 법을 배우려는 사람이라면 누구에게든 성무일도는 필요하다. 성무일도는 베티처럼 기도할 수는 없지만 쉬지 않고 기도하는 법을 찾아내야 하는 사람들, 그러니까 우리 대부분의 그리스도인들에게 필요한 기도 방식이다.

성무일도란 한마디로 하루 중 일정한 시간에 일정한 형식을 갖추어 하나님께 드리는 규칙적인 기도를 말한다. 그 시간은 시편 낭송, 성경 읽기, 기도로 이루어져 있다. 수도원이라든가 의식과 성례를 중시하는 교회에 가면 그런 식의 기도 형태를 흔히 볼 수 있다.

나는 이 책을 통해 유식한 말과 전문용어를 피하면서 이 전통적인 기도를 접하지 못했거나 피상적으로 알고 있는 사람들에게 성무일도의 묘미를 맛보게 하고 싶다.

아울러 성무일도의 역사와 우리 시대를 위해 성무일도가 주는 기도 생활의 교훈을 정리해 보고자 한다. 그런 기도 생활을 방해하는 장애물은 무엇인지, 그 장애물을 극복하기 위해서는 어떻게 해야 하는지도 언급하겠다. 성무일도 식의 기도는 유구한 세월 동안 교회를 지탱해 준 활력소였다. 그리스도의 몸인 믿음의 공동체 안에서 신앙의 순례자인 우리가 그런 기도에 동참할 때 어떤 유익이 따라오는지도 밝히고 싶다.

오래 전 처음으로 성무일도를 접했을 때는 어느 누구도 쓴 적이 없는 최초의 책을 집필하고 싶은 욕심이 생겼다.

독자들 중에는 아마도 이 책의 내용이 굉장히 낯익은 분들이 있을 것이다. 반면에 생소하다 못해 희한하게 느껴지는 독자도 있을 것이다. 이미 성무일도를 시작한 사람들은 자신이 소중하게 여기는 이 기도에 대해 좀 더 깊이 알고 싶어서 이 책을 집어 들었을 것이다. 아니면 성무일도 식의 기도가 존재한다는 것을 이제 막 알게 되어 올바른 방향으로 나아갈 방법과 비결을 알고자 이 책을 읽는 사람도 있을 것이다. 개중에는 태어나 처음 보는 기도 방법에 다소 당황하는 사람도 있을 것이다.

어쨌든 당신은 지금 이 책을 읽고 있으므로 한편으로는 마음을 열고 또 한편으로는 믿음을 갖기를 바란다. 이사야 선지자가 감춰진 비밀에 대해 말했던 것처럼 당신이 미처 깨닫지 못하는 사이에 알지 못했던 새로운 사실이 드러날 수 있다. 수세기에 걸쳐 신실한 하나님의 종들을 지탱해 준 그런 기도 방식이 슬금슬금 다가가 당신을 사로잡을 것이다. 우리가 하나님을 체험할 때에도 그런 일이 종종 일어난다. 하나님과의 만남은 여러 통로를 통해 다양한 방법으로 일어나지만 '예고' 없이 찾아온다는 특징이 있다.

먼저 내가 학자가 아니라는 점을 독자들에게 밝혀 둔다. 나는 나 자신을 시인이나 이야기꾼으로 생각하고 있다. 강대에 서는 사람이 아니라 회중석에 앉는 사람이다. 신학생도, 성직자도, 교회에서 녹을 받는 교역자도 아니다. 그저 여러 질문들과 만년필 한 자루와 여유 시간이 있었기에 더 깊은 기도의 여정을 시작했을 뿐이다. 수세기 동안 성도의 공동체가 드렸던 기도대로 기도를 드릴 때 어떤 일이 일어나는지를 체험해 보고 싶은 열정에서 이 여정을 시작하게 되었다.

나는 지금도 나 자신을 기도의 용사로 여기지 않는다. 심지어 그 모든 일이 내게 어떤 의미인지를 완벽하게 묘사할 수 있을지도 의문이다.

내가 기도에 대해 알고 있는 것들은 책을 읽거나, 누구에게 물어보거나, 다른 교파에 속한 사람과 이야기를 하거나, 옛 방식의 기도가 신앙 생활의 중심이 된 사람들과 머리를 맞대고 고민을 나누면서 깨닫게 된 사실들이다.

옛 방식의 기도를 둘러싼 의문들, 처음으로 그런 기도에 매력을 느끼게 된 사람들이 흔히 품는 질문들에 대해 나는 나름대로 해줄 이야기와 조언들이 있다. 나 역시 처음에는 그랬다. 여러 가지 의문과 질문들이 내 머리와 마음과 영혼 속에서 서서히 고개를 쳐들었다. 아마 그중에는 당신의 경험과 일치하는 점들이 있을지 모른다.

"작가가 되려면 자신이 보고 들은 모든 것에 증인이 되어야 한다"라고 소설가 앨런 더글라스는 말했다. 나야말로 작가라고 자칭하는 사람이기 때문에 독자에게 증인이 되어야 할 의무가 있다. 나 스스로 그때를 상기하기 위한 목적에서라도 말이다.

이 책을 읽는 독자나 쓰고 있는 나 자신도 기도에 대한 새로운 언어와 개념과 의문을 맞닥뜨릴 것이라 예상한다. 아니, 그렇게 되길 소망한다.

이 책에 있는 내용 일부는 다른 책의 지면을 통해서도 잠깐씩 소개를 한 적이 있다. 마치 이 책을 15년에 걸쳐 쓴 것만 같다. 오묘한 진리를 캐내기에 15년의 세월은 결코 충분한 시간이 아니다. 처음의 나를 지금의 모습으로 변모시키기에도 충분한 시간이 아니었다. 나는 기도를 중심으로 살아가는 삶, 즉 쉬지 않고 기도하는 삶을 배우고자 신앙의 순례를 떠났다. 나는 지금도 성무일도를 하면서 때로 놀라기도 하고 긴장하기도 하지만 한편으로 성무일도는 내게 힘을 주고 앞으로 나아가게 만든다. 혹시 앞으로 나아가는 게 아니라면 위를 향해 나아가고 있는 것이리라. 우리의 기도를 들으시는 창조주 하나님께 더 가까이….

오랜 경험을 통해 나는 이 한 가지만큼은 분명하게 말할 수 있다. 내가 썼던 모든 글과 앞으로 쓸 모든 글을 통틀어 지금의 이 책이야말로 내게 가장 중요하고 소중한 내용을 담고 있다는 사실을….

2장
다시 찾은 기도의 전통

너희는 길에 서서 보며 옛적 길 곧 선한 길이 어디인지 알아보고 그리로 가라. 너희 심령이 평강을 얻으리라.

선지자 예레미야

바로 이것이 신앙 생활의 기술이다. 우리가 그 기술을 쉬지 않고 밤낮으로 사용한다면… 우리는 예수님이 약속하신 보상을 받게 될 것이다.

성 베네딕투스 규칙서

성무일도의 기도를 따라하면서 당신의 마음속에서 일어나는 기도에 귀를 기울이라.

에드워드 J. 패럴(Edward J. Farrell) 신부

우리 부부는 신문 애독자다. 보통 하루에 서너 종의 신문을 읽는다. 신문 읽는 버릇은 남줄 수가 없어서 여행을 가도 아침에 제일 먼저 하는 일이 밖에 나가 신문을 사오는 것이다. 내가 "뉴욕타임스"지를 구해 오는 날에는 아내에게 후한 점수를 따기도 한다.

집에 있을 때는 이웃 동네 골목에 있는 상점까지 몇 블록을 걸어가서 신문을 사 와야 비로소 우리 부부의 하루가 시작된다. 아침마다 이런 의식을 치르는 사람들은 비단 우리 뿐만이 아닐 것이다. 어떤 사람들은 라디오나 텔레비전을 틀고, 어떤 사람들은 현관문을 열고 그 날 배달 온 신문을 집어든다.

나는 신문을 보기 위해 운전을 해서 가게까지 가야 한다. "뉴욕타임스"지가 우리가 살고 있는 16번가 지역을 배달 구역으로 정하지 않았기 때문이다. 지금 우리가 살고 있는 곳에서 어느 방향으로든 네 블록만 옮겨 이사를 간다면 "뉴욕타임스"지는 기쁘게 우리 집 앞에 신문을 놓아 줄 것이다. 어쨌든 지금 현재는 '배달 불가'란다(undeliverable). 언젠가 어린 시절에 나를 보고 어느 목사님이 "저 녀석은 구제불능이군(undeliverable)"이라며 농담을 하셨는데.

2장 다시 찾은 기도의 전통

한 친구는 내게 신문을 사러 가게까지 걸어갔다 오면 운동도 되고 좋을 거라고 했다. 나는 직접 해보라고 쏘아붙였다. 걸어가서 신문을 사고 구입한 신문을 모두 손에 들고 온다면 걷기 운동만이 아니라 역기 운동도 하는 셈이다. 그 정도면 운동이 아니라 고생이다. 그래서 나는 오늘도 차를 몰고 나간다.

북쪽으로 한 블록 가서 서쪽으로 꺾어 두 블록을 가고 다시 북쪽으로 한 블록을 가면 12번가가 나온다. 매일 아침 6시 반에서 7시 사이에 12번가에서 왼쪽으로 돌아나오다 보면 주차장에서 차를 타는 사람들의 모습이 눈에 들어온다. 대개 열두 쌍 정도 되는 부부들인데 새벽기도를 마치고 집으로 돌아가는 사람들이다. 내가 그들을 보는 것은 일요일 아침만이 아니다. 화요일에도 보고 수요일에도 보고 거의 이틀에 한 번 꼴로 본다.

어떤 날에는 북쪽으로 가기 전에 서쪽으로 몇 블록을 갈 때가 있다. 그러면 벨몬트 가의 막다른 골목이 나오는데 그곳에도 삼삼오오 모여 차를 타는 사람들의 모습이 눈에 띈다. 역시 새벽기도를 마치고 집으로 돌아가는 사람들이다. 다음 날 아침에도, 그 다음 날 아침에도 나는 그곳을 지나칠 때마다 그들을 만난다.

서쪽으로 몇 블록을 더 가면 또 다른 주차장이 나타나는데 그곳에도 기도로 새로운 하루를 맞이하려는 사람들이 모여 있다.

가끔은 좀더 일찍 일어나서 신문을 사기 전에 그들과 함께 기도를 드릴까 하는 생각도 한다. 하지만 그런 일은 절대로 없을 것이다. 그럴 만한 이유가 있으니까.

처음에 말한 사람들은 이웃 동네의 이슬람 사원에서 기도를 드리는 무슬림들이다. 차를 몰고 지날 때마다 그들에게 손을 흔들어 인사는 하지만 나는 그곳에 입고 갈 옷도 없고 신앙관도 다르다.

두 번째로 언급한 사람들은 가톨릭 신자들이다. 성당에 들어가면 환영은 받겠지만 아마 교회와는 사뭇 다를 것이다. 결정적으로, 그들이 성찬예식을 행할 때 나는 참여할 수가 없을 것이다.

세 번째 사람들이 기도를 드린 곳은 유대교 회당인데 나는 유대인이 아니다.

그 세 부류의 사람들을 각각의 장소에서 볼 때마다 내가 보지 못하는 다른 장소에도 저들과 같은 수많은 사람들이 있겠지라는 생각을 한다. 아니, 어쩌면 내가 보는 사람들이 전부인지도 모른다. 그들이 빙산의 일각인지 빙산 전체인지 나는 알 길이 없다.

하지만 날마다 이른 아침에 그곳에 모이는 사람들이 있다면 분명히 다른 어딘가에도 비슷한 사람들이 있을 것만 같다.

아침에 주차장이 텅 빈 예배당을 지나칠 때는 물론 그런 생각이 들지 않는다.

아침에 그 세 부류의 사람들을 볼 때마다 나는 마음이 불편하기도 하고 때로는 신기하다는 생각도 든다. 어떤 면에서 나 역시 그들과 공통점이 있다. 먼저, 해가 뜨기 전에 일어나 밖으로 나온다는 점이 같다. 그리고 나 역시 언제든 그들과 함께 한 목소리로 신성한 장소에서 기도를 드리고 싶은 마음이 있다.

2장 다시 찾은 기도의 전통

또 하나 그들과 나의 공통점은 역사적 배경이 같다는 것이다. 수천 년 전 아브라함 시대에 살았던 독실한 자들과 별로 그렇지 않은 자들의 기도 생활이 우리 신앙의 배경이기 때문이다. 그 이야기는 최소한 6천 년 전으로 거슬러 올라간다.

성무일도가 무엇에서 시작되었는지 묻는다면 첫 번째 대답은 '여호와를 섬기던 사람들'이다. 두 번째로는 '시편', 그중에서도 시편 119편이라고 대답할 수 있다. 매일 정해진 시간에 일정한 방식으로 드리는 기도라는 개념이 처음 나타난 곳이 시편 119편이기 때문이다. "내가 하루 일곱 번씩 주를 찬양하나이다"라는 말씀이 이 시편에 나온다. 지금 우리가 예배하는 하나님을 처음으로 예배했던 유대인 선조들은 그 말씀을 진지하게 받아들였다. 고정된 시간에 기도와 예배를 드렸다는 최초의 기록은 주전 4천 년경으로 거슬러 올라간다.

시편 기자의 말에 착안해 히브리 사람들은 날마다 반복되는 일정한 기도의식을 만들어 냈다. 하루 중 특정한 시간마다 잠시 기도를 드리는 의식이었다. 특정한 시간이란 새벽, 하루 일을 시작하기 전, 정오, 오후, 해질녘, 잠자기 전, 한밤중 같은 시간을 말했다.

그 의식은 보통 기도의 시작을 알리는 의식으로 시작했다. 먼저 하나님께로 나아가기 위한 첫 단계로써 시편을 읊거나 노래했다. 특별한 절기나 성일(聖日)에는 따로 사용하는 찬미의 노래들과 기도문들이 있었다. 그리고 규칙적인 성경 읽기가 이어졌다. 현대 교회의 예배 의식과 비교해 보면 성무일도는 좀더 격식을 갖춘 예배라고 할 수 있었다.

특정한 시간에 드리는 기도는 예배당만이 아니라 일반 가정에서도 드렸고 사람이 많든 적든 상관없이 공적인 장소에서 하루 중 정해진 시간에 드렸다. 매일, 매주, 매달, 매년, 하나님의 백성들은 지속적으로 하나님께 예배와 찬미를 드렸다. 그것이 하나의 문화로 정착되면서 종교 공동체로서 정체성이 생겼다.

종이 울리면 모든 가게들은 문을 닫고 촛불을 밝힌 다음 그날의 성무일도에 해당하는 의식을 진행했다. 유대인들은 누구나 하던 일을 멈추고 그 시간에 해당하는 의식과 기도를 올렸다. 대도시나 마을에서는 하루 중 몇 차례 회당에 모여서 성무일도를 드렸다. 예루살렘에서는 성전에서 드렸고 마을과 가정마다 형식에는 약간씩 차이가 있었다.

창조주 하나님에 대한 찬미와 경배는 유대인들의 문화와 일상으로 자리잡았다. 안식일, 축제일, 기타 성일에 맞는 찬양과 의식이 생겨났다. 기도는 생활의 한 부분으로 깊이 뿌리내렸고, 그리하여 믿음의 공동체를 지탱하는 힘이 되어 주었다.

규칙적인 기도와 예배는 개인적으로나 민족적으로나 유대인들의 삶의 구심점이 되었기에 4천 년이 지나 메시아가 그들 가운데 오셨을 때에도 사람들은 계속 그러한 기도와 의식을 가르치고, 배우고, 실천하며 보완해 나갔다. 당시 많은 유대인들이 메시아로 오신 예수님을 알아보지 못하고 그저 나사렛 동네에 사는 목수의 아들이라고 생각했으므로 예수님에게도 그들의 기도법을 가르쳤다. 예수님은 독실한 유대인들 틈에 끼어 그들의 기도문을 외셨을 것이다. 예수님이 기도하기 위해 회당에 들어가셨다는 성경 구절들은 바로 그런 상황을 묘사하는 듯하다. 어린 예수님이 구약 말씀이 낭송되는 것을 듣고 시편의 기도를 따라하며 신앙 생활을 배운 곳이 바로 그 유대회당이었을 것이다.

뭐니 뭐니 해도 최초의 그리스도인은 유대인들이었다. 메시아의 탄생은 유대인들이 알고 있는 하나님 이야기의 끝이 아니었다. 그것은 하나님 이야기의 새로운 장이었다. 초대 그리스도인들은 하나님이 인간과 함께 계셨다는 놀랍고 새로운 사실을 묘사할 언어와 의식을 찾느라 애를 먹었지만, 야웨를 예배했던 선조들이 늘 그랬던 것처럼 계속해서 하루에 일곱 번씩 야웨의 이름을 높이며 그 앞에 예배했다. 이제 예수님이 오셨으니 야웨 하나님을 예배할 필요는 없다고 말하지 않았다.

메시아가 오신 이후, 그들이 외던 기도문 중 일부는 변경이 불가피했을 것이라고 생각한다. 그러나 메시아를 보내겠다고 약속하시고 그 약속을 지키신 하나님에 대한 찬미와 예배는 계속되었다. 초대 그리스도인들은 메시아가 오신 후에도 성무일도를 쉬지 않았다. 하나님이 놀라운 일을 행하신 이후에 그분에 대한 예배와 찬양을 드리지 않는다면 대체 언제 찬미의 제사를 드려야 한다는 말인가?

실제로 초대교회 당시와 그 뒤에 이어진 박해의 시기에 그리스도인들을 하나로 뭉치게 한 구심점은 날마다 정기적으로 드린 성무일도라고 해도 과언이 아니다. 사도 바울과 베드로, 그 외 사도행전에 나오는 초대 그리스도인들의 이야기를 보면 정해진 시간에 성전에 기도하러 갔다는 대목이 심심찮게 등장한다. 그들은 시간이 나서 잠시 성전에 들른 것이 아니라 기도 시간을 알리는 종이 울렸기에 성전으로 간 것이다. 기독교에 대한 핍박이 시작되자 사람들은 밖으로 드러내지 못하고 은밀하게 기도문을 외었다. 그것은 경배와 헌신의 표시였을 뿐 아니라 역경 속에서 하루하루를 버티며 서로 의지해야 하는 신자들에게 힘과 용기를 주는 수단이기도 했다.

기독교를 믿는다는 이유만으로 수많은 사람들을 죽음으로 내몬 로마 제국은 수백 년 후에 콘스탄티누스 대제가 왕위에 오르면서 기독교를 국교(國敎)로 선포하기에 이르렀다. 이제 복음은 유대인들보다 이방인들에게 더 빨리 전파되었다. 그런데 이방인들에게 규칙적인 기도 생활은 일상의 문화가 아니었다. 게다가 몰래 기도문을 욀 필요도 없어졌다. 로마 제국 전역에 우후죽순처럼 생겨난 교회들에서 얼마든지 기도를 드릴 수 있었다. 기도로 하루를 버티고 서로를 의지했던 그리스도인들이었지만, 환경의 변화 속에서 조금씩 깨닫지 못하는 사이에 성무일도의 습관을 잊게 되었는지도 모른다.

4, 5세기 경에는 아바스(abbas)와 암마스(ammas)가 출현했다. 이는 사막의 수도원으로 들어가 과거의 신앙 생활을 고수하는 남자들(아바스)과 여자들(암마스), 즉 사막의 성자들을 일컫는 말이다. 그들은 교회의 전통이었던 성무일도를 충실하게 실행했다. 날마다 정해진 시간에 야웨께 드린 성무일도는 유대인들에게는 일상이었지만, 점차 소수의 신앙인들이 수행하는 경건 훈련으로 변해갔다.

수도원의 수도자들이 아니었다면 성무일도는 오래 전에 그 맥이 끊겼

을지도 모를 일이다. 수백 년의 시간이 흐르는 동안 크고 작은 수도원에서 행해지던 성무일도 의식은 거듭 수정되었으며, 새로운 기도문이 나타났고, 의식과 관습 또한 반복해서 개정되었다. 중세 시대에는 수도원의 영향력이 커져서 수도자들이 지역 교회에 들어가 섬기게 되었고 그들이 드리던 성무일도를 일반인들도 따라하게 되었다. 좀더 간략한 모습의 성무일도가 생겨났고 성직자만이 아니라 일반인까지 고려한 성무일도도 만들어졌다.

자, 그럼 이제 안전벨트를 단단히 매고서 종교개혁 시대로 날아가 보자. 종교개혁 시대는 갖가지 이유로 교회의 전통을 완전히 벗어버리려고 하던 시대였다. 신학적인 이유도 있었고 정치적인 이유도 있었고 둘이 뒤섞인 애매한 사정도 있었다. "수평선 너머에는 용이 산다"(너무 멀리까지 배를 몰고 가면 위험하다는 경고의 말—역주)라는 옛말이 있다. 이 책은 종교개혁을 다루는 책이 아니므로 그 문제는 전문가들에게 맡겨두기로 하자. 우리의 관심사는 성무일도가 어떻게 되었느냐는 것이다.

종교개혁 이후 루터교, 성공회, 감리교 등의 기독교 교파들이 사용한 기도문 책자들을 살펴보면 모두 성무일도 의식을 담고 있는 것을 발견할 수 있다.

당시 일부 유럽 교회들은 성무일도를 전담하는 성직자들까지 고용할 정도로 성무일도에 열심이었다. 수도자들이 맡기도 했고 목사가 맡는 곳도 있었다. 평신도 역시 성무일도에 참여할 수 있었다.

그러나 역사의 강을 건너 신세기에 들어선 교회는 어찌된 일인지 성무일도에 대한 의식이 희미해졌다. 적어도 미국의 개신교에서는 그런 현상이 두드러졌다. 여전히 기도 책자에는 성무일도가 남아 있었지만 현실에서는 멀어졌다. 14세기 이후부터 개신교의 목사들은 더 이상 성무일도의 기도문을 낭독하지 않았다.

다른 이야기이긴 하지만 미셸 쇽트(Michelle Shocked)라는 가수는 "정치와 예술은 전문가에게만 맡기기에는 너무도 중요하다"라는 말을 했다. 이 말은 전문가에 대한 공격이 아니라 아마추어들을 향한 초청이다. 성무일도는 이제 전문가의 손을 떠나 아마추어의 손으로 넘어 와야 한다.

일과기도, 기도전례, 성무일과, 아침과 저녁기도, 뭐라고 부르든지 간에 하나님 백성의 성무일도는 전문가들에게만 맡기기에는 너무나 중요하다.

사실 성무일도는 성직자들만을 위한 의식도 소수의 사람들만이 드리던 기도도 아니었다. 하나님을 경외하는 모든 이들의 기도였다. 최소한 과거 6천 년간은 그랬다. 개인의 경건한 생활과 교회의 예배를 위해 생겨난 것이 성무일도였고 그렇기 때문에 성무일도는 우리 모두의 기도다.

지난 5백여 년 동안 개신교인 대부분은 신앙의 선조들이 드린, 초대교회를 형성하고 지탱한, 수천 년간 교회를 지키고 살아남게 한, '예수 그리스도 자신이 세상에서 육신으로 사시는 동안 하나님 아버지께 드린 기도'를 드리지 않았다.

야웨를 섬기며 신앙의 선조들을 따라가려 하고, 초대교회의 신앙과 삶을 좀더 철저하게 본받자고 외치는 우리가, 선조들이 물려준 소중한 신앙

2장 다시 찾은 기도의 전통

의 유산을 외면하고 있었다.

    그런데 이제 우리 중에 전통적인 기도와 예배에 관심을 갖는 사람들이 생겨났다.

3장
성무일도를
시작하며

여호와여 구하노니 내 입의 드리는 자원제물
을 받으시고 주의 공의를 내게 가르치소서.

시편 기자

순례길에 오른 자는 정해진 기도 시간을 소
홀히 하지 않을 것이며 최선을 다해 그 시간
을 준수하고 성도로서 본분을 다해야 한다.

성 베네딕투스 규칙서

안토니는 수도사를 노 젓는 사람으로 비유
했다. 거룩한 바람, 즉 무언가 거룩한 것의
숨결을 잡기 위해 돛을 올리는 사람 말이다.

레미 루조(Remy Rougeau)

성무일도라는 기도의 전통이 너무도 오랫동안 방치되었던 탓에 현대의 그리스도인 중에는 성무일도를 들어 본 적도 없고, 그 존재조차 알지 못하는 사람들이 많이 있다. 설령 알고 있다고 해도 성무일도가 정확히 어떤 기도를 말하는지 모르는 사람들이 부지기수다. 그래서 난생 처음 성무일도를 시도하는 사람에게는 무수한 물음표가 머릿속에 떠오를 것이다.

물음표 다음에 오는 단계는 초보와 집중 훈련의 중간쯤 되는 단계라고 할 수 있다. 그것이 오늘날 대부분의 사람들이 실천하는 성무일도의 간략한 밑그림이다.

그럼, 중요한 것부터 먼저 짚고 넘어가자. 성무일도의 기원은 "내가 하루 일곱 번씩 주를 찬양하나이다"라는 시편의 기록이라고 언급한 바 있다. 야웨를 섬기는 독실한 유대인들은 그 말씀을 액면 그대로 받아들였다. 하지만 몇몇 수도원들을 제외하고 그리스도인들은 오래 전부터 '하루 일곱 번'이라는 대목을 매우 부담스러워하는 듯하다.

사실 많은 수도원들이 아직도 전통을 따라 일정한 시간에, 일정한 방식으로 성무일도를 수행하고 있다. 한마디로 기도의 반석 위에 세워진 수도원들이다. 그런 수도원에서 수도자들은 여전히 라우드스(*Lauds*, 해뜰 때), 프리메(*Prime*, 오전 6시), 떼르체(*Terce*, 오전 9시), 섹스트(*Sext*, 정오), 논네스(*Nones*, 오후 3시), 베스퍼스(*Vespers*, 해질 때), 콤프리네(*Compline*, 잠자기 전)의 순서로 기도 생활을 한다.

현실적으로 일반인의 삶은 수도원에서의 삶과 매우 다르기 때문에 성무일도의 기도문이나 특정한 기도들은 하루 네 번 (아침, 정오, 저녁, 밤)으로 압축해 재구성되었다. 성무일도의 압축과 재구성은 종교개혁 이후 만들어진 성무일도서와 기타 기도서를 보면 분명해진다.

성무일도에 참여하기 원하는 오늘날 그리스도인들에게는, 평신도나 성직자 모두 기도 생활의 형태와 시간과 구조에 따라 자신에게 맞는 성무일도를 드릴 수 있는 선택의 폭이 매우 다양해졌다. 무엇보다 가장 기본적이고 일반적인 성무일도의 형태는 아침과 저녁에 드리는 두 차례의 기도다. 하지만 하루를 성결케 할 기도를 언제 드릴 것인가는 얼마든지 우리가 정하기 나름이다.

그럼 정해진 시간에 드리는 성무일도를 구체적으로 살펴보기 위해 한 차례의 기도 시간을 예로 들어 보겠다. (성무일도의 견본은 부록 A에 수록했다. 그대로 따라 하기 원하는 사람은 부록 A의 내용을 참조하기 바란다.)

성무일도를 다른 말로 '시간전례'라고 부르는 이유는 하루 중 일정한 시간에 일정한 방법으로 기도를 알리는 종을 울렸기 때문이다. '시간전례'라고 해서 한 시간 내내 기도를 드려야 한 번의 성무일도를 마치는 것은 아니다. 사실 한 번의 기도가 한 시간이 채 걸리지 않는 경우가 많은데 어떤 성무일도 형식을 따르느냐에 따라 약간씩 차이가 난다.

'성무'(聖務, office)라는 단어는 '오퍼스'(opus)라는 라틴어에서 파생했다. '헌금'(offering)도 역시 오퍼스에서 파생된 단어다. '전례'(liturgy)란 '사람들이 행하는 의식'이란 뜻으로 그리스도인들이 날마다 창조주 하나님께 찬양과 경배를 드리는 일을 일컫는다. 사실 그리스도인에게 그 일 말고 다른 할 일이 무엇이 있겠는가? 따라서 성무와 의식의 결합은 매우 적절하다는 생각이다.

하루에 여러 번 드리는 성무일도는 매번 기본적으로 동일한 형식으로 진행된다. 교단을 막론하고 주일 예배가 늘 동일한 형식에 따라 진행되는 것과 마찬가지다. 물론 매번 똑같은 것은 아니고 약간의 변화는 있다. 주일 예배도 매주 조금씩 다른 것처럼 말이다. 성무일도에서 어느 부분을 먼저 하고 나중에 하느냐는 수도원마다 차이가 있지만 수세기에 걸쳐 전해 내려온 기본적인 틀에는 변함이 없다. 따라서 어느 기도서를 사용하든지 오랫동안 하나님의 백성들이 행해 온 방법과 근본적으로 동일하게 기도하는 것이다.

성무일도는 보통 "주여, 내 입술을 열어 주소서. 내 입이 당신 찬미를 전하오리다"와 같이, 예배할 때 목사나 사회자가 먼저 읽는 '초대송'으로 시작한다. '초대송'은 일명 '시작 송가'나, '준비', '임재 요청' 등 다양한 이름으로 칭하는데 일 년 동안 절기나 교회력에 따라 시작 송가의 내용이 달라지기도 한다.

초대송 다음에는 '시편 기도'를 드린다. 어떤 시편은 하루 중 어느 특정한 때와 관련이 있는데, 성무일도 중에 그런 시편들을 낭독한다. 예를 들어 "오라 우리가 여호와께 노래하며 우리의 구원의 반석을 향하여 즐거이 외치자"라는 시편 95편의 말씀은 6천 년간 성도들이 아침 기도를 드릴 때마다 낭독하던 첫 시편이었다. 마찬가지로 시편 121편의 "내가 산을 향하여 눈을 들리라. 나의 도움이 어디서 올까?"라는 구절은 하루를 마감하는 마지막 기도에 사용되어 온 시편 구절이다. '시편 기도' 또한 '시작 시편' 등 다른 이름으로도 불리며 지금도 새로운 이름이 만들어지고 있다.

그 다음으로는 그 날, 혹은 그 절기나 시간에 해당하는 '시작 기도'가 이어진다. 어떤 경우에는 그 날과 절기와 시간을 모두 어우르는 시작 기도를 드린다. 시작 기도는 성도들이 다함께 드리는 공식 기도로서 "하나님 구하소서. 주님, 어서 오사 저를 도우소서. 영광이 성부와 성자와 성신께, 처음과 같이 이제와 항상 영원히…"와 같은 기도문을 외운다. 이처럼 전통적인 기도문을 함께 낭송하면서 전 세계 성도들과 한 몸이라는 사실을 되새긴다.

시작 기도 뒤에는 '찬송가'가 뒤따른다. 성경에서 발췌한 전통적인 찬송가는 그날의 몇 번째 성무일도인가와 밀접한 연관이 있다. 예를 들어 누가복음에 나오는 시므온의 찬송가는 "주재여 이제는 말씀하신 대로 종을 평안히 놓아 주시는도다. 내 눈이 주의 구원을 보았사오니…"라고 시작하는데 초대교회 시대부터 주로 하루를 마감하는 기도로 사용되어 왔다. 시므온의 찬송가는 우리의 삶을 주관하는 하나님을 날마다 갈구해야 함을 기억하게 해주는 기도다.

그 다음으로는 '오늘의 시편'을 낭송한다. 시편의 말씀을 읽으며 기도하는 것은 성무일도의 전형적인 방식 중 하나다. 어떤 면에서 성무일도의 핵심이라고까지 할 수 있다. 시편을 '성경의 기도서'라고 부르는 이유도 그 때문이다.

교단이나 수도원에 따라 각 성무일도, 혹은 그 날의 성무일도에 몇 편의 시편을 낭독하는지가 달라진다. 어떤 수도원에서는 매일, 혹은 매주 시편 전체를 낭송하기도 한다. 현대의 개정된 성무일도서에는 시편 전체를 30일 분량으로 나눠 놓았다. 즉, 시편 전체를 한 달 동안 낭송할 수 있게 만들었다.

시편 한 편을 간략하게 축소해서 낭송하거나 기도하기 쉽도록 만든 경우도 있다. 개신교에서 흔히 사용하는 교독문의 시편들도 그런 경우다. 참고로, 오래 전부터 내려오는 전통적인 기도를 논할 때 '요즘'이나 '현대'라는 용어가 나오면 대략 2백 년 전후의 시기로 생각하면 된다.

그 다음으로 이어지는 순서는 '성경 읽기'다. 날마다 구약이나 신약, 그리고 복음서의 일정 부분을 읽는다. 통독의 형태는 다양하다. 하지만 우리의 예배와 기도가 하나님의 말씀에 뿌리를 박고 있어야 한다는 의도는 모두 마찬가지다. 성경 통독의 형태는 주로 '공동성서일과'를 따르지만 일년간의 성경 통독을 위한 다른 자료들도 함께 사용한다.

성경 읽기가 끝나면 '하나님 말씀에 대한 응답'이 이어진다. 어떤 성무일도서는 이때 잠시 침묵을 권장하기도 한다. 또 다른 경우에는 사도신경을 외우거나 또 다른 찬송가를 부르기도 한다. 성무일도를 혼자서 할 때에는 성경 말씀을 조용히 묵상하거나 공책에 기록하는 경우도 있다.

다음으로 '성도들의 기도'가 뒤따른다. 여기에는 감사기도, 청원기도, 은혜를 구하는 기도 등이 포함된다. 성무일도 형식은 대부분 그러한 기도들을 어떻게 드려야 할지 상세히 안내한다. 중간 중간에 공백이 있어 개인의 이름을 언급하거나 "마음속으로 은밀하게" 기도할 수 있도록 한다. 내가 좋아하는 기도서에는 "마음속으로 은밀하게"라는 멋진 표현을 쓰고 있다. 성도들의 기도 시간에는 단지 자신의 가족과 친한 사람들만이 아니라 이 세상과 불신자들을 위해 간구하는 기도도 권장하고 있다.

적어도 하루에 한 번은 '죄를 참회하는 기도'도 들어간다. 기도를 마칠 때에는 "우리 아버지"라고 하거나 시작기도의 내용을 반복하기도 한다.

성무일도의 마지막 순서는 '마침기도'다. 예수님을 따르고 그분의 나라를 섬기면서 이 세상에서 그리스도의 몸이 하나 되기를 기원하며 "하나님께 감사하나이다"라고 기도를 끝맺는다.

지금까지 열거한 성무일도의 기본 틀(초대송, 시편 기도, 시작 기도, 찬송가, 오늘의 시편, 성경 읽기, 하나님 말씀에 대한 응답, 성도들의 기도, 마침 기도)은 어떤 교단과 수도원에 속했건 상관없이 모든 성무일도 형태에서 찾아볼 수 있다.

그럼 이제부터 새로운 문제에 도전해야 한다. 다름아닌 어떤 기도서를 사용하느냐 하는 문제다.

어떤 그리스도인들은 성무일도가 생활화된 환경에서 성장한다. 비록 자신이 직접 해보지는 않았어도 성무일도를 실천하려면 최소한 무엇을 어떻게 해야 하는지에 대한 기본 상식은 있는 사람들이다.

그러나 성무일도가 완전히 생소하고 낯선 그리스도인들도 있다. 성무일도에 매력을 느껴 자신도 한번 해보고 싶다고 말하는 사람들 중에는 "어떤 기도서를 사용해야 하나요?"라든가 "어떤 식으로 기도를 드려야 하나요?"라고 묻는 사람들이 있다. 그럼 내가 아는 선에서 그 질문에 대답해 보겠다.

성무일도서 중에는 매우 방대하고 두꺼운 책들이 있다. 「성무일도서」, 「성요셉 미사경본」, 「성공회 기도서」 등이다. 그런 책은 성무일도의 기본적 기도(초대송, 시편 기도, 시작 기도 등)만이 아니라 모든 성경 구절을 아울러 실었기 때문에 따로 성경책을 펼쳐 보지 않고도 기도서 한 권으로 하루의 기도를 마칠 수 있다. 물론 편리한 면이 있기는 하지만 경우에 따라서는 그런 면이 오히려 어려움을 주기도 한다.

일반적으로 그런 책을 한 권 구비하라고 말하기는 쉽다. 그러나 책 한 권의 무게가 보통 작은 어린아이 몸무게에 달하고 가격도 만만치 않으며 일반적으로 가름끈이 많이 달려 있다. 더욱이 그 책이 종교 서적이라는 것은 누가 보아도 한눈에 알 수 있어서 어디를 가도 숨길 도리가 없다. 집에서 혼자 사용할 때에는 문제가 없지만 혹시 밖에 나가서 다른 사람의 눈을 피해 점심 시간에 성무일도를 하게 되는 경우에는 그런 책을 들고 있기가 상당히 부담스러울 것이다. 참고로, 전통적인 성무일도에는 오후 3시에 드리는 기도가 있다.

또 한 가지, 기도서에 관해 허심탄회하게 이야기를 하자면 예를 들어 프란체스코 수도회, 정교회, 로마가톨릭, 성공회, 베네딕투스 수도회, 기타 크고 작은 교단이나 종파에서 내는 기도서 가운데에는 개인기도를 드릴 때에도 활용할 수 있는 기도서가 있다는 사실이다. 그러한 기도서들은 사실 개인기도가 아닌 공동기도에서 함께 사용하도록 고안한 것이다.

하지만 실제로 성무일도를 실천하는 사람들은 혼자서 성무일도를 하는 경우가 대부분이다. 다만 공동기도가 아닌 혼자 개인기도를 할 때에는 몇 가지 사용 방법부터 숙지해야 할 필요가 있다. 신부나 성직자의 도움 없이 혼자서 제 날짜와 시간에 해당하는 성무일도와 찬송가를 찾을 수 있어야 한다. 숫자와 기호로 되어 있는 표들은 마치 암호 같아서 해독하기가 쉽지 않기 때문이다.

아울러 교회력을 볼 수 있는 지식도 갖추어야 한다. 예를 들어 축일, 금식일, 특별한 예배를 드려야 하는 날, 특별한 시작 기도를 드리지 않아도 되는 날 등은 언제인지 알아야 한다. 특히 처음 성무일도를 시도하는 사람에게 그것처럼 어렵고 복잡한 일은 없다.

또 한 가지 유의할 점은 인도자가 한 줄을 읽고 후럼은 나머지 사람들이 제창해야 하는 경우가 있다는 사실이다. 인도자가 없다면 그것은 별개의 문제다. 기도서에는 "주님이 함께하십니다"라는 말이 있지만 그 말을 해줄 만한 사람이 주변에 아무도 없을 때도 문제다. 혹은 자신의 죄를 참회한 경우 그 죄의 사면을 스스로 선고할 자격이 있는지를 정확하게 알 수 없는 점도 문제다.

공동기도에서 사용하는 기도서를 개인기도에 사용하기도 하지만 솔직히 말해서 제대로 사용하기 위해서는 용기와 지식과 경험이 반드시 필요하다. 그런 기도서를 사용해 아침 기도를 드리다가 포기하고 마는 사람들을 여럿 보았다.

성무일도를 시작한 지 얼마 되지 않았다면 다른 기도서를 하나 더 구해서 병행하는 것이 현명한 일이다. 그렇지 않으면 너무 헷갈리고 낙담이 되어 성무일도가 당신의 삶에 뿌리내리기도 전에 단념하고 마는 사태가 발생할지도 모른다.

제발 월요일에 운동화를 구입하고 그 다음 주 토요일에 마라톤을 뛰겠다고 생각하는 것은 자제해 주길 바란다.

성무일도를 시작할 때 사용할 수 있는 두 번째 기도서가 있다. 여러 가지 이유로 새로운 기도서들이 시중에 출판되고 있는데 기도 생활이 점차 개인화되었다든지, 교회에서 예전의 깊이가 사라졌다든지, 과거의 전통적 신앙 생활에 대한 관심이 높아졌다든지, 좀더 규칙적이고 헌신적인 신앙 생활을 해야 한다는 각성이 일고 있다든지 하는 다양한 이유들이 있다. 성무일도에 대해 처음으로 알게 된 사람들과 혼자 기도하는 사람들에게 성무일도를 소개하고 안내하는 책자들이 최근 몇 년 사이에 많이 출간되었다. 필리스 티클이 쓴 「성스러운 시간」(*The Divine Hours*)이 그 대표적인 예다. 이 책에서는 과거 정교회의 성무일도를 현대어로 새롭게 구성했다. 내성적이고 조용한 성격의 그리스도인들에게는 루벤 좁(Reuben Job)이 쓴 「기도 안내서」(*A Guide to Prayer*)같은 책을 추천하고 싶다.

그런 기도서들은 성무일도 식의 기도를 하고 싶어 하는 사람들을 위한 책이다. 난해한 기호들도 적고 훨씬 단순하면서 간결하게 만들어졌다. 공동기도를 위해 만든 것이 아니기 때문에 기도문을 읽으면서 계속 대명사를 바꾸어야 할 필요도 없다. 개인적으로 기도하는 사람들에게는 안성맞춤의 책이라고 하겠다.

기도서 중에는 필요에 의해 분량이 많은 책들도 있다. 일 년간 사용하도록 만들어졌기 때문에 부피가 늘어난 까닭이다. 그 점은 약간 아쉬운 점이라 할 수 있다. 하지만 언뜻 보기에는 일반 서적과 다를 것이 없어서 오후 3시에 몰래 기도를 드리더라도 별 어려움이 없을 것이다.

아무개 작가가 자신만의 기도서를 만든다는 사실에 긴장하는 사람들도 있다. 가장 부담을 느끼는 사람은 뭐니 뭐니 해도 기도서를 만드는 당사자일 것이다. 내가 그렇게 말하는 이유는 나 역시 두 권의 기도서를 직접 만들어 보았기 때문이다.

절친한 지인 중 한 사람이 나와 동시에 성무일과 기도서를 집필하고 있었는데 우리는 일년에 두 번 정도 만났다. 만날 때마다 우리는 살아 있다는 사실에 감사하며 서로 부둥켜 안았다. 우리 주제에 감히 기도서 같은 책을 집필하면서도 벼락에 맞지 않고 살아 있으니 얼마나 감사한 일인가!

세 번째로 성무일도를 위해 권하고 싶은 기도서는 '성(聖) 아무개의 소(小)성무일도서'다. 일반적으로 소성무일도서는 특정한 수도원에서 수도사들이 사용한 성무일도서 가운데 발췌한 기도서다. '예수의 작은 형제회'와 '예수의 작은 자매회'에서 발간한 「소성무일도서」(The Little Book of the Hours)라든가 「초보자를 위한 성베네딕투스 기도서」(Saint Benedict's Prayer Book for Beginners) 등이 있다. 그와 같은 기도서들은 성무일도를 시작하는 사람이나 잠시 기존의 책들을 접어두고 새로운 마음가짐으로 성무일도에 임하고 싶은 사람들에게 적절하다. 말하자면 사순절이나 강림절에만 소성무일도서를 사용하는 것이다.

이런 책들은 대체로 호주머니나 작은 가방에 들어갈 정도로 크기가 작으며 몇 주, 혹은 한 달간 사용할 수 있는 성무일도 내용을 담고 있다. 간결하고 단순한 형태로 되어 있기에 처음 시작하는 사람이 성무일도를 쉽게 실천할 수 있다는 장점이 있다. 간결한 형태에 익숙해진 사람들은 이후 좀더 복잡한 기도서에 흥미를 느끼는 경우가 많다.

네 번째로 추천하고 싶은 기도서는 개인적으로 내가 선호하는 기도서지만 쉽게 구할 수 없는 것이 흠이다. 그것은 성무일도의 신비에 이끌린 사람들이 손수 작성한 기도서다.

그들은 여기저기에서 구한 책과 복사한 기도서를 토대로 전통적인 성무일도의 형태와 내용을 충실히 지키려고 노력하면서 기도서를 일일이 손으로 쓰거나 타이핑했다. 그러고 나서 그 자료들을 오려 작은 책에 붙이거나 카드로 만들어 주머니에 넣고 다니거나 일기장, 혹은 성경책에 끼워 갖고 다녔다. 시간이 지날수록 그들은 성무일도에 대해 더 듣거나, 배우면서, 새로운 자료들을 발견했다. 예를 들어 새로운 찬가를 발견하기도 하고, 자신이 쓴 시편을 수정하기도 하고, 생전 처음 보는 시작 기도를 우연히 발견하기도 해서 자신이 쓴 성무일도의 내용에 더하거나 기존의 내용을 보완했다.

나는 그런 기도서를 "성(聖) 아무개(작성자의 이름) 기도서"라고 부른다.

내게는 그런 기도서가 세상에서 가장 멋있어 보인다. 어쩌다 그런 기도서 한 권을 보게 되면 숨겨진 보물을 찾은 것 같은 기분이 든다. 실제로 성무일도를 하는 사람 중에는 그런 기도서를 스스로 만들어 보겠다고 나선 사람들이 많이 있다.

성무일도에 대해 이야기를 하다보면 "그런 기도서를 어디에서 구할 수 있나요?"라는 질문을 많이 받는다.

성무일도를 처음 시작하는 사람들은 한 번도 예상하지 못했던 뜻밖의 장소로 현장 학습을 떠날 각오도 해야 한다. 예수님을 꽤 오랜 기간 믿었던 사람이라면 그 정도의 일쯤은 이제 식은 죽 먹기가 되어 있지 않을까?

말하자면 지금까지 당신이 다니던 익숙한 교회들이 아니라 성당이나, 수도원 같은, 의식과 전통을 중시하는 예배당 건물에 들어가서 신부나 수도사를 만나야 한다는 얘기다. 피정의 집 같은 곳에서도 성무일도에 관한 책자들을 얻을 수 있고 가톨릭이나 성공회, 정교회 등에서 운영하는 서점에서도 성무일도 기도서를 구입할 수 있다.

일단 성무일도를 실천해 보기로 결심했다면 그에 관한 기도서를 장만하는 일은 필수다. 그럼 결론적으로 기도서를 선택하는 데 있어서 황금률을 알려주겠다. 그냥 마음에 드는 성무일도 책자를 골라 그것으로 기도를 시작하라. '예수 그리스도 자신이 이 세상에서 육신으로 사시는 동안 하나님 아버지께 드렸던 기도'에 당신도 참여할 계획이 있다면 그 계획이 틀어질 가능성은 오직 한 가지, 시작을 하지 않았을 경우다.

어떤 형태의 기도서를 선택하느냐는 당신에게 달려 있다. 또한 몇 권의 성무일도서를 사용하고(가령 7권을 사용할 것이냐 4권을 사용할 것이냐 등), 하루에 몇 번 성무일도를 행할 것인가(가령 아침, 정오, 저녁, 밤 등)도 순전히 당신이 결정하기에 달렸다. 당신이 성무일도에 관심을 갖도록 인도하신 하나님이 나머지 일도 하나씩 인도하실 것이다.

"너희 중에 누가 아들이 떡을 달라 하는데 돌을 주겠느냐? 하물며 하늘에 계신 너희 아버지께서 구하는 자에게 좋은 것으로 주시지 않겠느냐?"라고 물으신 예수님의 질문을 생각해 본다면 "주여, 우리의 입술을 열어 주소서"라는 우리의 간구를 듣고 하나님이 "안 됐구나. 기도서도 잘못 고른데다 날마다 17분이나 늦게 기도를 시작하는구나"라고 혀를 차시지는 않을 것 같다.

성무일도 기도서를 마련해 기도를 시작하라. 사도 바울이 권면한 것처럼 우리가 두려움과 떨림으로 자신의 구원을 위해 힘쓴다면 하나님은 분명히 적절한 기도서를 골라 기도할 수 있도록 도와주실 것이다.

4장
기도의 역설

너희도 산 돌 같이 신령한 집으로 세워지고 예수 그리스도로 말미암아 하나님이 기쁘게 받으실 신령한 제사를 드릴 거룩한 제사장이 될지니라.

사도 베드로

자신을 복종시켜 그리스도 안에 숨겨진 삶을 사는 것은…우리 존재 전부를 바쳐 하나님의 역사에 동참하는 것이라고밖에 말할 수 없다.

떼제 규칙서

교회가 최우선적으로 해야 할 일은 살아 계신 하나님을 경배하는 것이다. 공동 예배를 통해서 우리는 하나님을 더 깊이 알게 된다.

제프리 리(Jeffrey Lee)

내가 어렸을 때, 할아버지는 옆집에 사셨다. 아니, 정확히 말해서 우리가 할아버지의 옆집에 살았다. 그곳에 먼저 정착하신 분이 할아버지셨으니까.

오랜 세월, 밖에서 거친 일을 하시느라 할아버지의 얼굴과 손은 태양 빛에 검게 그을리고 쭈글쭈글했다. 의상만 갖추어 입으면 수도사를 떠올릴 만큼 머리숱도 적으셨다. 그나마 남아 있는 몇 가닥의 흰 머리카락은 제멋대로 자라서 뒤엉켜 있었다.

할아버지는 키가 작은 분이었다. 나는 할아버지 옆에 서는 것을 좋아했는데 이 세상에서 내가 내려다볼 수 있는 몇 안 되는 사람 중 한 사람이었기 때문이다. 할아버지에게는 이상한 습관이 있었다. 사람을 쳐다볼 때 학처럼 목을 길게 빼고서 한 눈으로 슬쩍 다른 곳을 보는 척하면서 다른 눈으로는 그 사람을 뚫어져라 응시하셨다.

우리 식구는 할아버지와 가까이 살면서 교회도 같은 교회에 다녔다. 증조부께서 개척을 도우신 곳이자, 아버지가 어린 시절부터 다녔고, 친척들이 결혼식을 올렸으며, 할아버지가 성가대 지휘자로 섬긴 교회였다. 어느 오래된 기도문에 있듯이 "내게 하나님의 이야기를 들려주며 인생의 길을 보여 준" 매우 선량하고 마음씨 좋은 분들을 만났던 곳이다.

주일 예배를 마치면 한 달에 한 번 정도 할아버지는 가족들을 데리고 식당에 가서 점심을 사 주셨다. 나는 그런 날이 싫지 않았다. 내가 세상에서 제일 좋아하는 할머니가 함께 가셨기 때문이기도 했다. 할아버지와 함께 하는 점심 식사에서 한 가지 마음에 들지 않는 것이라면 질문 시간이었다. 할아버지는 항상 똑같은 질문을 하셨는데 그때마다 나는 바짝 긴장했다.

먼저, 할아버지는 고개를 휙 돌려서 내가 어디 있는지를 찾으시고는 나에게 "얘야"라고 말을 거셨다. 그런 다음에는 "오늘 예배 시간에 무엇을 깨달았니?"라고 물으셨다.

십대 나이에, 또래 친구들과 예배당 2층에 앉아서 예배 시간에 깨닫는 것들은 할아버지가 수십 년간 성가대 지휘자로서 지휘자 모자를 쓰고 앞자리에 앉아서 깨닫는 것들과 큰 차이가 있었다. 할아버지가 사 주시는 주일 점심을 8년간 얻어 먹으면서도 나는 단 한 번도 할아버지 마음에 쏙 드는 대답을 했던 기억이 없다. 정말 진땀이 날 정도로 곤혹스러운 순간들이었다. 그래도 학교에서는 맨 앞자리에 앉아서 선생님이 질문을 하기가 무섭게 무슨 내용인지 눈치를 채고 월요일부터 금요일까지 열심히 손을 들고 대답하는 모범생이었는데 그런 내가 할아버지의 주일 예배 질문에는 똑바로 대답을 못한다는 사실이 나를 괴롭게 만들었다.

세월이 흐른 후, 어떤 목사님과 이야기를 할 기회가 있었다. 그분은 내가 성장한 개신교 교회가 아닌 전례 중심의 전통 교회에서 시무하시는 분이었다. 자신의 교회에 빌이라는 성도가 있는데 예배에 의식이 너무 많다고 불평을 한다는 것이다. 전에 다니던 교회보다 더 의식에 치중하는 것 같다는 얘기였다. 내가 그 교회를 다녔을 때 나 역시 빌과 마찬가지로 여러 가지 궁금한 점들에 자주 부딪히곤 했다. 하지만 당시 나는 그런 의식들이 무척이나 마음에 들었다.

빌이 했다는 얘기는 이런 식이다. "그런 고리타분한 예배는 딱 질색입니다. 얻는 게 아무것도 없어요. 그저 예전부터 부르던 좋은 찬송가 두어 곡만 부르고 좋은 설교 한 마디 듣고 집에 가면 되는 거 아닙니까."

그 말에 목사는 이렇게 대답했단다. "빌 당신을 위해서 예배 의식이 있는 게 아니고 하나님을 위해서 있는 겁니다. 주일에 우리가 해야 할 일은 하나님을 위해서 우리가 할 수 있는 최대한 멋진 공연을 해드리는 일입니다. 하나님의 백성이 언제나 했던 그대로 우리도 하고 있는 것이지요. 당신이 예배를 통해서 뭔가를 얻게 된다면 좋은 일입니다. 하지만 얻지 못해도 좋은 일이지요. 어차피 예배는 당신을 위한 게 아니니까요."

요새는 교회를 옮기고 싶다는 사람들과 가끔씩 이야기를 나누곤 한다. 그중에는 자기 교회의 설교가 따분하고 아무것도 얻는 게 없어서 교회를 옮기고 싶다는 이야기를 하는 사람들이 있다. 아니면 예배가 자신에게는 전혀 맞지 않는 방식으로 진행되어서 교회를 옮기고 싶다고 말하기도 한다. 내가 성무일도에 관해 이야기할 때면, 그와 비슷한 이야기를 하는 이들이 있다.

무수한 세월이 지나고 나서야 나는 할아버지의 주일 예배 질문에 꼭 들어맞는 대답을 찾아냈다.

4장 기도의 역설

"얘야, 오늘 예배 시간에 무엇을 깨달았니?"

"예배는 저를 위한 게 아니잖아요." 아, 지금 알고 있는 것을 그 때도 알았더라면….

우리의 신앙 생활, 그리고 하나님과 더 깊고 지속적이며 친밀한 삶을 갈망하는 마음은 종종 모순처럼 보이는 일들마저 포용할 준비가 되어 있어야 한다. 신앙 생활을 잘 하겠다는 마음이 조금이라도 있는 사람은 기도든지 예배든지, 아니면 그저 일상의 삶이든지 어느 정도 역설적인 면을 허용하지 않을 수 없다.

하나님은 우리 안에 존재하시지만 또한 우리 없이도 존재하신다. 예수님은 오래 전에 하늘로 올라가셨지만 지금도 우리와 함께 계신다. 하나님의 나라는 이미 이 땅에 이루어졌지만 지금도 이루어지고 있다. 우리는 구원을 받았지만 그래도 하나님의 심판을 받게 될 것이다. 이런 사실들이 하나님을 믿는 신앙 생활의 역설적인 면이다.

찬미의 노래를 올려드리는 사람은 우리지만 그 노래에 기쁨을 느끼는 것도 우리 자신이다. 하나님께 감사의 기도를 드리지만 그 감사로 인해 축복을 누리는 쪽도 우리다. 시편에 나오는 옛 기도들로 기도를 올리지만 에드워드 패럴 신부가 말했듯이 '우리 마음속에서 우러나온 하나님의 기도'를 듣는 사람들도 우리 자신이다. 성찬식에서 빵과 포도주를 드리는 사람은 우리지만 하늘 양식을 먹고 힘을 얻는 사람들도 우리다.

애니 딜라드는 이렇게 말했다. "습관적으로 반복하는 우리의 신앙 생활은 수단이 아니라 수단이 움직이는 주어진 상황이라는 것을 체험으로 깨닫게 되었다. 우리는 영적 훈련을 할 필요가 전혀 없다. 하나님을 알고 싶지 않는 한 그런 일을 할 필요는 없다. 결국 신앙 생활은 하나님께 유익하다기 보다는 우리에게 유익하다."

하지만 신앙 생활을 하지 않는다면 그것이 주는 유익은 결코 누릴 수가 없다. 또한 자기 자신을 위해, 자신의 기쁨과 충족감을 위해, 심지어 자신의 영적 성장을 위해 신앙 생활을 한다면 그 유익을 온전히 누릴 수 없을 것이다. 예배는 결국 인간을 위한 것이 아니기 때문이다.

성무일도 식의 기도 역시 우리가 매주 드리는 주일 예배의 경우와 마찬가지로 심오한 역설이 그 안에 들어 있다. 의식과 전례가 많은, 빌의 말처럼, 오래되고 복잡한 예배를 드리건, 아니면 벽에 프로젝트를 쏘아서 찬양 가사를 띄우는 새롭지만 복잡한 찬양 예배를 드리건 마찬가지다.

우리의 신앙 생활에서 나는 또 하나의 모순을 발견했다. 우리가 드리는 기도는 사실 자신을 위해서 드리는 기도가 많다는 사실이다. 우리는 하나님이 이미 아시고 우리를 위해 일하신다고 믿는 모든 것들을 시간과 에너지를 아낌없이 투자해 하나님께 아뢴다. 예전의 어느 기도문에 보면 하나님은 우리가 기도하고 소망하는 것보다 더 좋은 것을 주신다고 했던가…. 어쨌든 그런 기도들은 우리 자신을 위한 것이다. 그러나 성무일도는 하나님을 위한 기도다.

나는 지난 20년간 수도원의 전통에 대해 많은 책을 읽으며 연구했다. 다른 이유가 아니라 내가 기도에 대해 알고 싶다면 기도가 삶의 일부였던 사람들, 즉 15세기 수도사들을 연구해야겠다는 생각 때문이었다. 그들이라면 분명 무언가를 알고 있을 것 같았다.

어찌 보면 그건 너무도 당연한 일이다. 컴퓨터 사용법을 알고 싶다면 컴퓨터를 사용하는 사람에게 물어야 할 것이다. 마찬가지로, 기도하는 법을 알고 싶다면 기도하는 사람에게 알아봐야 하지 않겠는가?

그래서 나는 책에서 본 수도원들을 찾아다니기 시작했다. 기도하는 사람들에 대한 책은 다른 책들에 비해서 상대적으로 많지 않았다. 에밀리 그리핀(Emilie Griffin)의 말처럼 "기도하는 사람들, 그러니까 진짜로 기도하는 사람들은 기도에 대해 많이 이야기하지 않는다."(겸손해지고 싶다면 기도에 대한 책을 쓰면서 날마다 에밀리 그리핀이 한 말을 읽어 보라.)

나는 기도 생활에 대한 지혜를 구하고 있었다. 쉬지 않고 기도해야 하지만 쉬지 않고 기도할 수 있는 수도원 생활을 할 수 없는 사람이 어떤 기도 생활을 해야 하는지를 알고 싶었다.

나는 「레굴라」(Regula)라는 소책자들이 마음에 들었는데 그 책은 한 마디로 수도자들을 위한 지침서였다. '레굴라'는 '규칙'을 의미한다. 성 베네딕투스 규칙서에 보면 "이것을 규칙서라고 부른다. 이 규칙서에 따라 사는 사람들의 삶을 규제하기 때문이다"라고 성 베네딕투스가 쓴 서문을 볼 수 있다.

규칙서에는 내 생활과 전혀 연관성이 없는 규정들도 있다. 일단 내가 수도사가 아니라서 그렇다. 또한 특정한 시대와 상황에서 살아가는 사람들의 행동과 습관을 규제하는 규칙들 중에는 현대를 살아가는 나에게 결코 적용할 수 없는 것들도 있다. 예를 들어 성 베네딕투스 규칙서에는 세금이라든지, 아이팟이라든지, 십대 청소년이라든지, 그리고 결정적으로 자동차에 대한 언급을 찾아볼 수 없다.

하지만 현대를 사는 우리들에게도 얼마든지 적용할 수 있는 규정들이 있다. 대명사들을 적절하게 바꿔도 되고 규정들을 뒤집어 그 안에 있는 정신을 살펴보면 된다. 그런 일이야말로 우리 같은 시인이 이 세상에 존재하는 목적 아니겠는가?

몇 년 전에 우연히 '떼제 규칙서'의 사본을 보게 되었다. 떼제 공동체를 설립한 로제 수사가 쓴 규칙서였다. 프랑스의 떼제 공동체는 특히 음악과 예배로 유명한 곳이다. '떼제 전통 예배'는 침묵과 촛불 속에서 조용한 음악이 흐르는 가운데 진행되는 경우가 많다. 나보다 어린 친구들이 나를 그런 식의 '새로운' 예배에 초대하겠다고 하면 나는 신이 난다. 그런데 '새로운'이라니…. 그들은 침묵과 촛불과 조용한 음악이 요즘 생겨난 줄 아는 모양이다.

떼제 규칙서를 읽어 내려가는 중에 유독 눈길을 끄는 한 문장이 있었다. "공동기도는 개인기도를 대체하지 않는다. 두 기도는 서로 떠받쳐 주는 관계다." 로제 수사는 그렇게 말했다.

나는 그 문장 속에 들어 있는 속뜻을 파악하고자 노력했다. 한 가지는 보나마나 분명했다. 떼제 공동체와 같이 하루 종일 공동기도를 드리는 수도원에서 생활하다 보면 공동기도에만 집중하느라 개인기도를 소홀히 할 가능성이 얼마든지 있다.

나의 경우는 아니었다. 그리고 나만 그런 것은 아닐지 모른다. 나는

4장 기도의 역설

'자기본위'(me-generation) 세대다. 나는 개인기도 문제로 고민하지 않는다. 그런데 로제 수사가 한 말을 그가 살았던 떼제 공동체 담장 밖으로 끄집어 내 뒤집어서 오늘날에 적용한다면 이런 문구가 된다. "개인기도는 공동기도를 대체하지 않는다. 두 기도는 서로 떠받쳐 주는 관계다."

각자 주님께 개인기도를 드린다고 해서 고대로부터 창조주 하나님께 드리던 공동기도에 참여할 의무가 면제되지는 않는다.

창조주 하나님이 이 세상에 오셔서 나와 개인적으로 친밀한 관계를 맺기 원하셨고 그로 인해 지금 내가 그분 안에 거하고 그분이 내 안에 거한다는 놀라운 사실을 신학적으로 반박하려는 게 아니다. 다만 우리 안에 계시는 하나님은 우리 밖에도 존재하시며, 우리를 만드신 분이 우리 가운데 오셨다는 역설적인 면을 다시 한 번 되새기고 싶다.

우리를 만드신 그분은 사실상 나 개인의 하나님이 아니라는 점을 알고 있다.

최근 내게 기술 혁신과도 같은 대사건이 일어났다. 그렇다고 내가 21세기 문명의 선두주자가 되었다는 말은 아니다. 러다이트 운동(기계화나 자동화에 반대하는 운동—역주)을 지지하는 사람들도 가끔은 첨단 문명의 유혹에 혹할 때가 있지 않은가!

드디어 아이팟을 샀다. 그런 기기에 익숙한 사람들을 위해 정확히 말하자면 아이팟 나노(iPod nano)를 구입했다. 작은 스피커 같은 것(정확한 명칭은 지금도 배우고 있는 중임)을 아이팟에 끼우면 하루 종일 집안에서 음악을 감상할 수 있다. 또 개인 스피커나 뭐라나 하는 것도 있어서 운전할 때나,

예배를 드릴 때를 제외하고는 귀에 꽂고 언제 어디서든 사용할 수도 있다.

물론 사용법을 제대로 알기 위해서는 옆집 청년을 집으로 초대해 배워야 한다. 아이들과 따로 떨어져 살지만 않았어도 그 청년을 귀찮게 하지 않아도 되었을 텐데, 아이팟에 음원을 다운받는 일은 판매자가 아주 쉽게 할 수 있을 것이라고 장담했건만, 혼자 할 수도 없고 달리 도와줄 사람도 없었기에 어쩔 수 없이 이웃집 청년에게 도움을 요청했다.

이제 나만의 사운드 트랙을 만들어 즐기는 법이 생긴 것이다.

지금 우리는 뭐든지 개인을 위한 시대에 살고 있다고 생각한다. 나 자신을 자기본위 세대의 일원이라고 말하는 것보다는 그런 식의 표현이 더 마음에 든다.

휴대용 음향기기에 자신만의 사운드 트랙을 갖추면, 어쩌다 사람들 무리 속에 들어갈 때마다 가상의 개인적 공간을 확보할 수 있다.

우리는 개인용 컴퓨터가 있고, 개인 심부름꾼을 고용할 수도 있고, 개인 신분증이 있고, 어떤 사람들은 심지어 자기만의 개인 차량 번호판도 달고 다닌다.

어느 날 라디오 광고에서 내게 개인 은행원이 있다는(실제로 만나지는 못하지만) 광고를 들었다. 만일 당신이 나를 보았다면 나는 개성이 뚜렷하고 아주 취향이 독특한 인간이라는 사실을 한 눈에 알아보았을 것이다.

넉 달에 한 번씩, 개인 자동차 정비사에게서 자동차 오일을 바꾸고 엔진 벨트를 점검하라는 초대장이 날아온다. 그는 내가 차를 구입한 자동차 판매상에서 일하는 정비사다. 내 차는 1986년에 누군가를 위해 제작되었던 독일산 자동차다. 정비사의 개인 파일에는 그런 내용이 나와 있다고 한다. 그의 개인 파일에는 그동안 이 차를 소유했던 모든 사람들의 개인적인 운전 습관까지 기록되어 있다.

언제든 나는 개인적인 책임은 확실하게 지는 사람이고 (최소한 그래야 할 때에는) 이 지구상에서 누구의 구속도 받지 않는 자유로운 영혼이라고 스스로 확신하고 있다.

그러므로 나를 구원해 주신 분께 드리는 개인적 기도가 주로 단독 기도라는 사실은 그리 놀라운 일이 아니다.

우리는 개인을 중시하는 시대에 살고 있다. 그리고 개인적으로 나는 그런 시대에 진력이 난다.

때로 우리는 자신에게 이런 생각을 주입하는 듯하다. 하나님이 아주 신비한 방법으로 우리를 위해 역사해 주시기를 바라지만, 창조주 하나님을 찬양하고 경배하는 일은 일주일에 한 번, 그러니까 일요일 주일학교 시간과 저녁예배 시간 중간쯤에서 하면 그것으로 충분하다.

성무일도의 전통적인 기도가 우리에게 암시하는 것, 앞서 간 수많은 신실한 성도들이 우리에게 전해 주는 말은 그와 전혀 다르다. 우리가 하나님께 간구하는 만큼 우리는 하나님을 예배해야 한다고 그들은 말한다.

앞으로 몇 주 후면 집에 있는 갈퀴가 올 봄 처음으로 앞마당에 모습을 드러낼 것이다. 마당에 깔아놓은 짚들도 오래지 않아 모두 사라질 것이다. 자, 올해도 어김없이 같은 일이 되풀이될 것이다.

조만간 나는 갈퀴로 겨울 짚들을 전부 긁어내고, 겨울 동안 앞마당에

쌓인 낙엽 더미를 내버리고, 화단의 흙을 솎아 주고, 겨울비에 조금씩 밀려나간 현관 앞의 벽돌들을 제자리에 놓아 줄 것이다. 장미 덩굴을 손질하고, 몬도그라스(잔디류의 식물—역주)를 잘라 주고, 뒤뜰의 울타리 문을 고치고, 현관문의 자물쇠와 돌쩌귀를 손보고, 현관을 물뿌리개로 청소하고, 내 작업실 문에 새 스크린을 달고, 안뜰을 다듬고, 작은 정원에 솔잎을 깔고, 집 외벽에 장미 관목이 떨어지지 않게 고정할 방법을 찾아보아야 한다.

그중 어떤 일도 주말에 뚝딱 해치울 만한 일은 아니다. 그러니 앞으로 몇 주 동안 매일 집에서 해야 할 일이 생긴 셈이다. 한 가지 분명한 사실은 앞으로 당분간 우리 집이 크게 달라지지 않을 것이라는 점이다.

하지만 언젠가는, 저녁 무렵 집에 들어서면 이제 막 피어나기 시작한 장미꽃, 아름다운 조명에 반짝이는 분수대, 울타리 위에서 술래잡기하는 예쁜 홍관조들의 모습에 황홀해 하는 순간이 올 것이다.

물론 그 다음 날에는 화단에서 잡초를 뽑고 아직 겨우 남아 있는 잔디는 잔디 깎기 기계를 동원해서 손질을 해야 한다. 어떤 사람들은 정원 전체의 잔디를 한 번에 깎는다. 나는 작은 구역으로 나누어서 한 구역씩 깎은 다음 깎은 잔디를 트럭에 싣고 한 번에 내다버린다. 그렇게 하면 매주 힘들이지 않아도 되기 때문이다.

지금부터 다음 겨울까지는 약 열두 달의 시간이 있다. 그 기간 동안에 날마다 해야 할 일을 게을리한다면 아름다운 순간은 결코 맛볼 수 없을 것이다. 6주, 8주, 혹은 12주간의 그 황홀하고 아름다운 순간들을 위해 그만한 노동쯤은 충분히 투자할 가치가 있다고 생각한다.

4장 기도의 역설

성무일도가 힘들다고 하는 이유 중 하나는 성무일도가 황홀하고 신비로운 체험이라기보다 화단의 잡초를 뽑는 일과 같아서다. 날마다 해야 하는 자질구레하고 일상적인 일, 뭐 그런 느낌이 아닐까? 성무일도 속에는 바로 그런 평범함의 축복이 들어 있다. 그래서 '일도'(daily office)인 것이다.

예배를 드리면서 개인적으로 감동을 받지 못하면 예배로서 가치가 없다고 생각하는 사람들이 더러 있다. 우리는 은연중에 그런 착각 속에 빠져 있다. 감정적으로 뭔가를 느낄 수 없고 아무런 감동도 없는 예배는 영적인 예배라고 생각하지 않는다. 전례는 사람이 하는 일이지 하나님의 요술지팡이가 아니라는 사실을 기억하는 것이 좋다.

성무일도를 수행하는 것은 내가 해야 할 일들을 지속적으로 하겠다는 말과 같다. 아직 장미꽃이 피려면 많이 기다려야 하지만 그래도 갈퀴로 나뭇잎을 긁어내고 잔디를 깎고 잡초를 뽑아 주련다. 하나님의 기도가 내 마음속에서 일어날 때까지 계속해서 시편을 낭송하겠다. 별로 감사할 여건이 되지 않더라도 계속해서 감사 기도를 드리겠다. 피곤하고 바쁘고 지치고 맥 빠지는 날에도 여전히 기도와 찬미를 올려드리겠다. 찬미와 감사의 제사는 마땅히 드려야 할 의무일 뿐 아니라 결국에는 나 자신도 그로 인해 힘을 얻게 되겠지. 어쩌면 내 안이 충만한 생명력으로 채워질지도···.

때로는 성무일도를 꾸준히 하기가 참 힘들다. 성무일도를 한다고 해서 즉각 눈에 보이는 어떤 일이 일어나지는 않기 때문이다. 하지만 한 가지는 알고 있다. 장미꽃이 피려면 갈퀴질을 해야 하고, 잡초를 뽑아야 하고, 가지치기를 해야 하고, 기다려야 한다. 그리고 이것도 알고 있다. 5월의 어느 어스름한 저녁, 현관문을 단속하려고 밖으로 나왔을 때 마침 스치고 지나가는 산들바람에 실려 내 코가 장미향을 감지하리라는 것, 그리고 그 순간이야말로 창조주 하나님께 드렸던 어떤 기도만큼이나 숭고하리라는 것을….

아침과 저녁기도를 드리는 동안 예기치 못한 좋은 일이 일어나는 경우도 가끔 있다. 하지만 먼저 날마다 성무일도를 정성스럽게 드려야 한다. 샤를 드 푸코(Charles de Foucauld)가 말했듯이 "날마다 사랑하는 신랑께 향기로운 꽃"을 바쳐야 한다. 성무일도를 하지 않는다면 그 모두가 불가능한 일이다.

별 특별한 일도 없는데 날마다 성무일도를 드린다는 것이 쉬운 일은 아니다. 그렇다고 해서 그것이 하나님의 일을 그만두어야 할 타당한 이유가 될 수 있을까?

개인기도는 공동기도를 대체하지 않는다. 두 기도는 서로 떠받쳐 주는 관계다. 개인적으로 주님께 지속적인 기도를 드린다고 해서 그리스도의 몸과 함께 드리는 지속적인 찬양과 예배에 참여하지 않아도 되는 것은 아니다.

기도의 세계는 혼자 개인적으로 드리는 달콤한 기도의 시간보다 훨씬 더 넓고 크다는 사실을 성무일도로 인해 깨닫게 된다. 결국 기도조차도 나 자신을 위한 것이 아니었다.

성무일도를 충실하고 정성스럽게 행한다면 언젠가는 값진 진주를 발견하게 될 것이다.

5장
거룩한 의무

너희의 마음으로 주께 노래하며 찬송하며 범사에 우리 주 예수 그리스도의 이름으로 항상 아버지 하나님께 감사하며….

사도 바울

규칙적으로 성무일도를 하는 중에 우리가 알지 못하는 예수 그리스도의 사랑이 우리 안에서 샘솟을 것이다.

떼제 규칙서

성무일도는 감사와 믿음의 제사로 하나님께 드리는 찬미의 기도다.…성무일도를 드리는 것은…하나님의 일을 시중드는 수행원 역을 맡는 것이다.

필리스 티클

나는 글을 쓰면서 되도록 난해한 신학 용어를 피하려고 한다. 다른 사람들이 그런 용어를 쓸 때도 겁이 나지만 내가 쓸 때는 더 겁이 난다. 나는 신학자가 아니라 시인이다. 내가 이를 수 있는 최고의 경지는 '경탄하는 자' 정도일 뿐이다.

예언자 냄새가 짙게 풍겨 나오는 글도 가급적 쓰지 않으려고 애쓴다. 누구의 글이든 단호한 어투의 문장을 보면 전염병을 피하듯 얼른 외면해 버린다. 명령조의 단호한 어투는 전문가에게나 알맞다고 생각한다. 그래서 나는 되도록 그런 어투는 사용하지 않으려고 한다.

그런데 지금 단호한 어투가 나오려고 한다. 지속적으로 나의 구원을 이루기 위해 애쓸 때의 두려움과 떨림만큼이나 그런 문장을 쓰는 데도 무척이나 두렵고 떨린다. 그래서 최대한 어투를 부드럽게 해서 내 말이 독자들에게 부담 없이 다가갈 수 있도록 하겠다.

오늘날 교회는 초대교회에 비해 월등한 특혜를 누리고 있다. 최소한 나는 그렇다고 확신한다. 초대교회와 비교해 지금은 더 좋은 청소년 프로그램, 교회 건물, 음향 시스템이 있다. 성도들을 위한 더 좋은 신앙 서적들이 도처에 깔려 있다. 게다가 성도들은 대부분 글을 읽을 줄 안다. 우리에게는 은혜로운 설교를 들려주는 좋은 설교자들이 있다. 적어도 아우구스티누스의 설교보다 훨씬 더 재미있고 유쾌한 설교를 들려주는 이들이 많이 있다. (실제로 아우구스티누스의 책을 읽어 본 적이 있는가?)

더 좋은 성가대가 있고 주일 예배마다 더 훌륭한 음악과 멋진 공연이 있다. 아름다움과 화려함으로 말하자면 교회 역사상 유례가 없을 정도다. 현대 교회들은 주소록과 기도 편지와 웹사이트를 이용한다. 교육관, 제자 훈련, 성경 공부 모임 등도 있다. 성도들 누구나 각자 성경책이 있다. 교회 전용 버스, 수양관, 기독교 찬양 밴드도 있다.

그러나 우리에게 없는 것은 신앙의 깊이와 헌신과 경건함이다. 이제부터 겁나는 용어들이 등장하기 시작한다. 나는 그렇게 생각한다. 우리보다 앞선 신앙의 선조들이 수백, 수천 년간 지켜 온 믿음의 삶은 바로 그런 모습이었다. 현재 우리가 드리는 예배와 온갖 프로그램은 그들이 세운 교회의 반석 위에 세워진 것이다.

과거 교회들이 실천했지만 더 이상 현대 교회들이 따르지 않는 대표적인 영성 훈련 중 하나가 성무일도임은 두말할 필요가 없다. 우리는 설교를 듣고 성경을 공부하고 주일에 모여 예배를 드리고 아이들에게 믿음을 가르치고 성도의 교제를 나누지만 성무일도는 드리지 않는다.

가끔 이런 생각이 든다. 내가 6천 년 전 야웨를 예배하던 첫 세대에 속한 일원이 아닌가 하는…. 날마다 고정된 시간에 기도와 찬미와 예배를 드렸던 전통은 히브리 사람들로부터 시작해서 초대교회 사도들로, 그리고 오늘날의 교회가 있기까지 믿음의 토대를 세운 수많은 믿음의 선조들로 이어져 내려왔다. 그러나 이제 성무일도는 더 이상 필요하지도 않고, 의무도 아니며, 심지어 기회조차 생기지 않는 일이 되고 말았다.

그런 생각이 들 때마다 나는 무릎을 꿇고 바닥에 머리를 조아리고 싶어진다.

아침에 일찍 일어나 산책을 하든지, 심지어 조깅을 하든지, 아니면 골프를 치고 싶어 새벽녘 여명이 밝기도 전에, 잔디 위에 내린 서리가 녹을 때까지 기다리지도 못하고 아침잠을 설치는 우리다. 이유가 아무리 타당하고 좋아 보여도 내 생각에 우리는 신앙의 선조들처럼 일찍 일어나서 찬양과 기도의 제사를 드리며 새벽을 맞을 의지도 능력도 없어 보인다.

퇴근길 차 안에서 이미 들은 6시 뉴스를 텔레비전으로 다시 보기 위해 늦게까지 깨어 있는 우리, 재방송이 아닌 생중계를 사수하겠다고 늦게까지 잠을 안 자는 우리, 건강을 위해서라면 무리를 해서라도 뭐든지 하려는 우리가 하나님께 기도와 찬양과 참회와 감사를 드리며 하루를 마감하려는 마음은 전혀 없다.

사랑, 훈련, 헌신 그리고 예배의 이름으로는 절대 그렇게 하지 않는다. 심지어 이기적인 이유나 자기실현이라는 거창한 이유로도 성무일도를 시도하지 않는다. 자기계발에 몰두하며 소비지향적 문화를 사는 21세기 미국인들이 그것을 포기한다니 놀라울 따름이다. 어떤 교회들은 성무일도를 하겠다고 서약을 받는 곳도 있고 안수를 받을 때 성무일도를 약속하는 곳도 있다. 그런 약속을 한 성도들마저 약속을 저버릴 때가 있고, 그것을 지적하는 성직자들도 그리 많지 않다.

교회가 점점 세상과 유리되어 감을 예견하는 방송, 학자, 매스컴의 말을 믿는다면 나 또한 교회의 죽음에 앞장서는 세대의 일원이라는 사실을 부인하지 않겠다. 포스트모던이라고 부르던, 포스트크리스천이라고 부르던 상관없다. 연합이라는 둥, 분열이라는 둥, 전투적이라는 둥, 이런저런 말 많은 요즘의 우리 교회들은 이 땅에 복음을 전하는 일을 결코 할 수 없을 것이라고 세상은 이야기하고 있다. 우리의 하루를 좀더 거룩하게 만들기 위해서 할 수 있는 일은 말할 것도 없다.

그러나 우리보다 앞서간 믿음의 선배들은 우리가 할 수 있을 것이라고 증언한다. 문제는 우리가 하지 않는다는 것뿐이다.

우리는 그리스도의 몸이라는 말을 많이 한다. 성경에서 그렇게 이야기하고 있거니와 앞서간 믿음의 선배들도 그렇게 말했다. 우리는 어느 정도 확신과 소망과 겸손과 책임감으로 그렇게 이야기한다. 오늘날 이 세상에 그리스도를 드러내기 위해서 우리가 그리스도의 몸이 되어야 한다고 말한다. 우리는 이미 그리스도의 손과 발이 되기로 다짐한 사람들이다. 가난한 사람들을 먹이고 불신자들을 전도하고 감옥에 갇힌 사람에게 찾아가기 위해서라도 우리는 그리스도의 몸으로 연합해야 한다고 말한다. 물론 맞는 말이다. 다만 겸손과 사랑과 두려움과 떨림으로 우리는 그리스도의 몸이 되어야 한다.

하지만 우리가 그리스도의 몸이라고 주장한다면 우리보다 앞서간 믿음의 선배들, 즉 교회를 세운 그들이 실천한 기도의 삶을 되새겨야 함은 마땅한 일이다. 「가톨릭백과사전」에 보면 이런 대목이 있다. "기독교 전승에 따르면 성무일도는 초대교회 시대로 거슬러 올라가는데, 낮과 밤의 모든 일과를 거룩하게 하기 위해 만들었다고 한다.…그것은 바로 예수 그리스도 자신이 이 세상에서 인간의 몸으로 사시는 동안 하나님 아버지께 드린 기도이기도 했다."

우리가 그리스도의 몸이라면 예수님이 드리신 기도를 그분의 몸과 함께 드리는 것이 마땅한 일이다. 그리스도의 손과 발과 무릎과 눈과 귀 등 그분의 몸이라고 고백하는, 그분의 몸이 되어야 하는, 그리고 하나님의 은혜에 의해 실제로 그리스도의 몸이 된 모든 자들과 함께 주님이 드린 기도를 하나님 아버지께 드려야 하지 않겠는가? 어째서 그것이 전혀 새로운 것처럼 느껴지는 것일까?

하나님은 우리가 모두 수도자가 되기를 바라지 않으신다. 그리스도의 몸 안에서 모두가 교사며, 선지자며, 사도며, 행정가의 사명을 받은 것이 아니라고 사도 바울은 말했다. 그러나 기도는 결코 수도자만 드리는 것이 아니다. 나와 당신 같은 모든 하나님의 백성이 드려야 한다. 물론 사도행전에 나오는 베드로와 바울과 실라와 같은 사람들도 기도를 드렸다.

예수님이 우리를 율법에서 (그리고 과거의 의식에서) 자유롭게 하기 위해 오셨다는 말을 할 때 어떤 사람들은 사도 바울의 말을 인용한다. 그러나 사도행전이나 초대교회 시대의 문헌을 한번 보라. 사도 바울은 사람들과 함께 전도 여행을 다니는 중에 꽤 많은 편지를 썼고 그 편지들 속에서 성무일도에 대해서 언급했다.

우리는 모두 쉬지 않고 기도해야 한다고 사도 바울은 말했다. 우리보다 앞서간 신앙인들, 즉 믿음과 삶이 초대교회의 신앙에 뿌리를 박고 있는 그들의 이야기와 역사와 전통을 따라, 우리도 그들과 같이 기도해야 할 사명이 있다. 그러한 기도는 초대교회 교인들의 삶의 일부였다. 예수님은 율법에서 우리를 해방시켜 주셨지만 그것이 창조주 하나님을 예배하는 의무에서 우리가 면제되었다는 의미도 되는지 자신할 수 없다.

성무일도가 메시아를 고대했던 신실한 믿음의 사람들이 드린 기도였다면, 모세, 다윗, 예레미야 그리고 그 외 성경의 인물들이 드린 기도였다면, 청년이었던 예수님 자신이 드린 기도였다면, 바울, 베드로, 야고보 그리고 요한이 드린 기도였다면, 성 안토니오, 성 테오도로, 성 파코미오 등 사막교부들이 드린 기도였다면, 성 베네딕투스, 성 프란체스코, 성 힐데가르트, 성 테레사 등이 드린 기도였다면, 존 웨슬리, 마르틴 루터, 토마스 크랜머가 드린 기도였다면, 나 역시도 드려야 할 기도다. 어쩌면 약간 구시대적 신앙 생활이 내게 좋을지도 모르겠다.

물론 나로서는 그저 기도하고 싶을 때 하나님께 기도하고 가장 중요한 일을 아뢴 다음 할 수 있는 한 재빨리 내가 알고 있는 현실 속으로 뛰어드는 것이 더 좋다. 그런 생각을 하는 사람은 분명 나 혼자만이 아닐 것이다.

앞에서 나는 학자가 아니라고 밝힌 바 있다. 솔직히 말하면 나는 매우 권위 있고 전국에서 알아주는 기독교 사립대학에서 몇 개 과목을 수강하다가 중도에 그만 둔 적이 있다. 그 학교에서는 아직도 "친애하는 졸업생들에게"라는 제목의 편지가 날라온다. 그 학교는 물론이고 다른 학교에서도 학위를 받은 적이 없는데도 말이다.

나는 영문학을 공부하기 위해 대학에 들어갔다. 우리 집안에는 작가, 출판업자, 예술가, 미술가, 가수, 음악가 그리고 공연가들이 있었고 내가 작가가 되고 싶다는 이야기를 하자 모두 영문학을 전공하라고 권면했다. 즉 나는 내가 무엇을 하고 싶은지 알아보기 위해 대학에 가지는 않았다. 입학 당일 나는 폭스바겐 컨버터블에 짐을 싣고 중간에 시내 상점에 들러 입학 기념으로 제임스 테일러의 두 번째 앨범 "스윗베이비 제임스"(Sweet Baby James)를 사고 영문학을 공부하기 위해 대학으로 향했다. 2년 후부터는 본격적으로 집안의 출판 사업을 돕기 시작했다.

어떤 학생들은 취업 준비를 위해 대학을 간다지만 나는 도둑 강의를 듣기 위해 대학을 다녔다. 학교에 등록을 하고 입학금을 낸 후에 두세 과목 정도 영문학 강의를 신청해 놓고는 다른 학교로 옮겼다. 대학교 행정실에서 내 입학원서를 처리하고 내가 1학년 화학 과목을 이수하지 않았다는 사실을 발견하거나, 교내 예배에 출석하지 않아서 과목을 수강할 수 없다는 통지문을 보낼 때쯤이면 나는 이미 다른 학교에서 공부하고 싶은 서너 과목을 이수하고 또다시 다른 학교로 옮겨갈 준비를 하고 있었다.

대부분 대학들은 내가 학교에 다니고 있는지도 눈치채지 못했거나 아니면 눈치 채기도 전에 내가 학교를 떠났다. 도둑 강의의 비결을 살짝 공개하자면 마감일에 임박해서 등록을 하고 현찰로 등록금을 내며 절대로 학교 기숙사에서 살지 않는 것이다.

어느 해 가을, 한 대학에 등록을 한 후 2주가 지나서 음악 산업 과목을 가르치는 분에게서 전화를 받았다. 내가 그 대학에 수강신청을 한 학생인

줄 몰랐던 그는 한 연속 세미나에서 조교수로 일해 볼 의향이 없는지 내게 물었다. 그러나 대학에 고용되어 강의를 하게 되면 나의 학창 시절은 그걸로 끝이라는 생각이 들었다.

지구 역사상 글밥을 먹고 사는 사람들 중에 사실 살 만한 책을 쓰는 사람은 1퍼센트도 안 된다는 사실을 아무도 내게 말해주지 않았다. 대부분 글쟁이들은 남을 가르치거나 밥상에 밥을 올려놓기 위해 글을 썼다. 나 같은 대학 중퇴자에게 교수직은 언감생심이었다.

그리고 우리 집안의 출판 사업이 남에게 넘어가고 나는 일자리를 잃게 될 것이라는 걸 아무도 말해주지 않았다.

그리고 내가 부자가 되고 유명해질 것이라는 것도….

나의 파란만장한 학력에 얽힌 영광스러운(?) 사연을 이 자리에서 털어놓은 것은 많은 사람들이 성무일도에 참여하지 않는 공통적인 이유 한 가지를 알려주고 싶어서다. 바로 아무도 말해주지 않기 때문이다. 사실 우리 중 많은 사람들이 성무일도를 하지 않는 이유에 대해 솔직하게 그런 대답을 할 수 있을 것이다. 아니, 그렇게 대답했을 것이다. 최소한 이 책을 읽기 전까지는….

수세기에 걸쳐 성무일도는 헌신된 신앙 생활의 중심이었음을 그동안 누구도 내게 말해준 적이 없었다. 성무일도의 역사와 그 능력, 그리고 나 역시 성무일도를 해야 한다는 사실에 대해서 아무도 내게 말해주지 않았다.

내가 가 본 어떤 교회에서 선택 강의식으로 성무일도에 대해 알려주었을지도 모른다. 하지만 나의 대학 학력에서 보았듯이 나는 대체로 내가 원하는 과목만 선택해서 들었다.

성무일도가 선택 사항이 아니라는 분위기였다면 어땠을까?

그렇다고 오해하지는 마시라. 성무일도를 하고 안하고가 우리의 구원과 직결된다고 믿지는 않는다. 성무일도가 천국으로 행진하는 성도의 무리에 합류할 자격을 주지는 않는다.

그러나 주일성수, 십일조, 구제, 아이들을 교회에 데려가는 일, 남미의 고아들을 돌보는 일 역시 구원과는 상관없는 일이다. 그런 일들은 우리가 이 세상에서 어떻게 살아야 하는가에 대한 것이고 그리스도가 성도들을 통해 이 세상에서 드러날 수 있도록 해야 할 일을 제대로 하느냐에 대한 것이다.

성무일도가 선택 사항이 아니라는 말은 우리 중 어떤 사람들이 성무일도는 자신을 구원하는 게 아니라 온 세상을 구원하기 위해 드리는 기도라고 말할 수 있지 않느냐는 의미다. 또는 교회를 구하기 위해서라면? 이전에 성무일도를 통해 교회들이 강화된 것처럼 이 시대 교회들을 강화하기 위해서 성무일도가 부활하게끔 우리가 노력해야 한다고 말한다면?

종교개혁 이후, 유럽과 신대륙 전반에 걸쳐 여러 형태의 개혁과 부흥 운동이 전개되면서 교회에도 급격한 변화가 일어났다. 어떤 변화들은 당시 가톨릭 교회들의 횡포에 맞서려는 정직하고 필요한 대응이기도 했다. 반면 종교개혁으로 생겨난 어떤 변화들은 문화, 사회, 정치적 변화와 밀접한 연관이 있었다. 그러나 필리스 티클이 말했듯이 어떤 면에서 "우리는 로마라는 목욕물을 버리면서 과거라는 아기도 함께 버렸다."

　가톨릭이나 정교회 신자가 아닌 사람들은 교회 역사를 배울 때 주로 다음과 같은 내용을 배운다. '예수님이 이 땅에 오셨다. 예수님이 돌아가셨다. 예수님이 다시 부활하셨다. 그리고 예수님이 승천하셨다. 사도 바울은 서신서를 썼고 선교 여행을 다녔다. 청교도가 미국에 종교의 자유를 가져왔다. 1800년대에 부흥이 일어났고 진정한 교회들이 탄생했다.' 이러한 역사는 마치 최초의 추수감사제, 조지 워싱턴, 토머스 제퍼슨, 노르망디 상륙 작전이 미국 역사의 전부인 것처럼 말하는 것과 같다. 어떤 것들은 계속해서 이어졌으며 어떤 것들은 지금의 우리를 형성하여 하나로 만들어 주었다.

　그러나 우리가 배운 대로 교회 역사를 단편적으로만 보게 되면 교회의 전통적인 방식에 대해 두려움과 의문을 품게 된다. 사실 그 방식은 교회를 지탱한 힘이었고 청교도들이 돛을 올렸던 원동력이었다.

　성무일도를 포용할 수 없게 하는 장애 요인 중에는 과거의 것에 대한 무지와 두려움이 있다. 우리는 가톨릭 교회에 너무 근접한 것이면 무엇이든 꺼린다. 성무일도가 혹시라도 우리를 빗나가게 하는 것은 아닌지, 형식에 매인 그런 기도가 생명력 없는 죽은 기도는 아닌지 걱정한다. 지금까지 우리는 그렇게 배워 왔으니까.

　또 한 가지 두려운 사실은 과거의 것을 두려워하라고 가르친 사람이 누구이든 간에 그 사람이 전혀 옳지 않다는 것이다. 앞서간 신앙의 선배들, 그러니까 부흥이 일어나기 전 18세기 동안 교회를 지탱해 왔던 그들이 알고 있었던 것들을 내가 놓치고 있지는 않은지 겁이 난다. 어쨌든 그들이 교회를 지탱했다. 내가 아니었다.

그리고 그들이 한 일 중 하나가 바로 성무일도다.

"제대로 보고 듣는 문제에 있어 가장 어려운 점은 당신이 정말로 제대로 보고 들었다면 그에 대해 무언가를 하지 않으면 안 된다는 사실이다"라고 프레드릭 뷰크너(Frederick Buechner)는 말했다.

'아무도 나에게 말해주지 않았다'라는 오랜 핑계는 내 변변찮은 학력과 그 학력으로 사회의 일원이 되어 보겠다는 보잘것없는 시도에 대한 궁색한 변명이었다. 그러나 결국 그 변명을 거두고 아무도 내게 말해주지 않았던 사실들에 대해 나도 조금은 알고 있었음을 인정할 수밖에 없었다. 나도 그것들을 알고 있었지만 그저 무시했을 뿐이다.

내가 성무일도를 하지 않은 이유 역시 전적으로 '아무도 나에게 말해주지 않았기' 때문이었다. 아니, 적어도 전에는 그랬다.

우리는 모두 그리스도의 몸이 되어야 한다. 하루를 거룩하게 만들어주는 기도, 과거에는 예수님 자신이 드렸으며, 지금은 예수님이 우리를 통해 드리는 기도를 우리 모두 다 드려야 한다. 우리가 예수님의 기도를 드리지 않고 창조주 하나님이 그 기도를 들으실 수 없다면 우리 모두 그에 대한 책임을 져야 한다.

우리는 하나님의 신실한 백성들이 지난 6천 년간 드린 기도를 쉬지 않고 드려야 할 의무가 있다. 이 시대에 그런 기도가 너무도 약해진 이유는 현대인들에게 부적합해서가 아니라 우리의 무지 때문이다.

어쩔 수 없이 이쯤해서 단호하게 한마디 해야 할 것 같다(뭔가 이런 말을 해야 할 때는 두려움과 떨림으로 속삭이는 듯이 말하는 게 보통이지만 이 상황에서 도움이 된다면 어쩔 수가 없다).

교회가 살기 위해, 실제로 살아나기 위해 가장 중요한 길, 아니 실질적으로 유일하다고까지 말할 수 있는 길은 앞서간 신실한 신앙인들의 자리에 우리도 서는 것뿐이라고 확신한다. 다시 말해 예수님이 이 땅에 계셨을 때 드린 기도, 지금은 우리를 통해 드리기를 원하시는 그 기도를 우리가 드릴 때만이 가능하다.

예수님이 몸소 하나님 아버지께 드리셨던 기도를 묵살하려는 사람들 편에 서지 않기로 선택할 때, 교회를 지탱했던 기도의 물결이 우리 시대에 멈추지 않게 할 때, 쉬지 말고 기도하라는 오래된 명령을 실천에 옮길 때만이 가능하다.

6장
우리 시대의 진정한 재산

네가 한 시간도 깨어 있을 수 없더냐?

나사렛 예수

기도 시간을 알리는 소리가 들리면 즉시 하던 일을 멈추고 신속하게 기도에 임하며 경솔한 행동을 삼가고 엄숙함을 잃지 말아야 한다. 사실 하나님의 일보다 우선해야 할 일은 아무것도 없다.

성 베네딕투스 규칙서

기도전례의 시간은 근본적으로 시적인 시간이다. 생산성보다는 과정에 초점을 맞추고 무언가를 해내기 위해 '밀어붙이는' 시간이 아니라 잠잠한 가운데 주의 깊게 기다리는 시간이다.

캐서린 노리스(Kathleen Norris)

한 영화평론가의 말에 따르면, 예술가는 평범함과 황홀함, 그 둘 사이 어딘가의 삶을 산다고 한다. 사실 우리도 그렇게 살아간다. 아니, 적어도 그렇다고 믿는다. 성무일도를 하는 사람들도 마찬가지다. 더 정확히 말하자면 성무일도를 하는 사람들은 일상과 거룩함, 그 중간을 살아간다고 해야 한다.

일상의 삶을 들여다보면 어떤 사람들은 깔끔하고 단정한 반면 어떤 사람들은 별로 그렇지 못하다. 어떤 사람들은 미리 철저하게 계획을 세우는가 하면 어떤 사람들은 매번 즉흥적으로 행동한다. 어떤 사람들은 정해진 일정에 따라 규칙적으로 일하는가 하면 어떤 사람들은 상황에 따라 일하는 시간이 달라진다. 그러나 사람의 성격과 처지에 따라, 그리고 정도의 차이는 있을망정 필요한 일을 미리 계획하기는 누구나 마찬가지다.

현대인들은 수첩이나 휴대용 정보단말기(PDA)를 사용한다. 물건을 사러 갈 때나 장을 보러 갈 때도 구입 목록을 준비해 간다. 알람을 맞춰놓거나 최신형 디지털비디오레코더를 자기가 원하는 대로 조정한다. 인터넷으로 은행에 돈을 입금하고 인출한다. 아이가 커서 대학 기숙사에 들어가거나 어딘가로 떠나는 좋은 시절이 오리라 기대하며 노후 계획을 세운다.

이사를 할 예정이면 집을 사기 전에 해야 할 일들을 준비한다. 여행을 떠날 때는 미리 여행지 정보를 알아본다. 공휴일에 큰 집안 행사가 있으면 점검해야 할 목록을 냉장고에 붙여 둔다.

사는 동안 크건 작건, 정말로 중대한 일이라면, 하나에서 열까지 전부 점검 목록을 만들어 하루에 두세 번씩 확인하지 않고는 견디지 못하는 우리다.

나는 상당히 재미있는 현상을 발견했다. 사람들이 좀더 자세히 알아보고 점검할 목록을 작성해서 그 목록대로 평가하기를 주저하고 꺼리는 일들은 대개 신앙 생활과 관련이 있다는 사실이다. 이유는 나도 모르겠다.

말로는 신앙 생활이 중요하다고 강조한다. 삶에서 가장 중요한 부분이라고까지 말한다. 최소한 신앙 생활 이외에 다른 중요한 모든 일들에 대해서는 잊지 않도록 항상 기록해 두라고 한다. 어떤 일을 마치기 위해, 그러니까 제대로 하기 위해서는 하나라도 빠뜨리거나 잊어버리는 일이 없도록 사전에 꼼꼼히 계획을 세워야 한다고 말한다.

그러면서도 정작 자신의 신앙 생활에 대해서는 그런 면밀한 계획을 세우는 일이 거의 없다. 다른 일 같으면 그런 태도는 어림도 없을 것이다.

그러다 일 년쯤 지나 수양회나 교회 집회에 가면 전과 똑같은 은혜를 받고 하나님과 자신에게 전과 똑같은 다짐을 한다. 그런 다음에 집으로 가서 또 아무 계획도 세우지 않고 살다가 어느 날 우리 신앙이 제자리인 것을 다시 깨닫는다.

가만히 생각해 보면 우리에게 생명을 주신 하나님과 동행하는 신앙 생활을 제외하면 다른 모든 일들은 결코 우연에 맡기지 않고 살아가는 듯하다. 참으로 이상한 일이다.

그 동안 성무일도에 대해 글을 쓰고, 강의를 하고, 연구를 하고, 가르치면서 성무일도가 무엇인지 잘 알게 된 지금 감히 내가 할 수 있는 말은 이렇다. 성무일도란 일상과 거룩함, 그 둘 사이 어딘가에 기도의 닻을 내리는 일이다.

어떤 기도든지 기도는 하나님과 관련이 있다. 공동기도, 전례기도, 묵상기도, 즉석기도, 침묵기도, 금식기도 전부 마찬가지다.

모든 기도는 온 우주의 통치자이신 하나님과의 대화임을 전제로 한다. 토머스 머튼(Thomas Merton) 수사는 기도가 모든 것의 중심이라고 했다. 그 사실이 놀랍고 신기하고 대단하지 않다면 대체 무엇이 그렇다는 말인가!

목사가 "함께 기도합시다"라고 할 때 우리는 모두 대수롭지 않은 듯 고개를 숙인다. 그러나 그 순간 우리는 이 세상을 지으신 창조주 하나님께 이야기를 하고 하나님은 우리가 하는 말을 들으신다. 내가 다니는 성당에서는 예배 중에 "선하신 주여, 우리의 기도를 들어주소서"라는 말을 함께 낭송할 때가 있다. 나는 그 말에 "우리 기도를 들어주신다니, 당신은 선하신 주님입니다"라고 덧붙이고 싶다. 하나님과 이야기를 나눈다는 사실 자체가 너무도 엄청난 일이라서 나는 가끔 그 사실만으로도 가슴이 너무 벅차 숨을 골라야 할 정도다. "저는 방금 하나님께 이러 이러한 것들이 필요하다고 기도했습니다"라고 말하는 사람들을 심심찮게 보게 된다. 그런 사람들이 쓰러지지 않고 서 있는 것을 보면 정말 용하다는 생각이 든다.

6장 우리 시대의 진정한 재산

"쉬지 말고 기도하라"라든가 "예수 그리스도 자신이 이 세상에서 육신으로 사시는 동안 하나님 아버지께 드린 기도"를 드리라는 거창하고 고상한 말을 들으면 등줄기에 소름이 돋을 정도로 전율이 느껴진다.

당신 안에는 어떤 시인이 사는지 모르지만 내 안에 살고 있는 시인은 그런 말을 들으면 손을 높이 들고 싶어 한다. 노래를 부르거나, 속삭이거나, 큰 소리로 외치고 싶은 마음이 생긴다. 그런 놀라운 세계로 초대를 받은 사실을 생각하면 가슴이 두근거릴 정도다.

별로 존재감 없고 소속감도 느끼지 못하는 모임에 가야 하거나, 기도 수련회에 가느니 차라리 농구 경기를 보러 가고 싶어 하는 사람들과 주말을 함께 보내야 할 때가 있다. 혹은 원고 마감일은 다가오고 다른 일들이 끊임없이 쌓여 가는 때도 있다. 내 안에 살고 있는 시인은 그런 순간에 영광을 외치면서 손을 들려고 하지 않는다. 그런 순간에 소리를 지르고 싶기는 하지만 물론 영광을 위해서는 아니다. 피곤하고 지치고 불안하고 바쁜 중에 내 사무실을 말끔하게 정리하는 일은 도저히 이룰 수 없는 허황된 꿈이다.

기도 생활의 또 다른 면모는, 한편으로는 굉장하지만 평범하며, 신성하기도 하지만 그날의 평범한 일과일 뿐이라는 것이다.

기도 생활에 대한 지금까지의 이야기는 사실 우리 삶의 일상과 연결되어야 한다. 사람들과의 모임, 하루 일정, 짐싸기, 출근과 귀가 등, 일상의 주변에 연결되어야 한다.

기도에 대한 이야기들은 실천으로 이어져야 한다. 기도 생활에서 굉장한 순간이 있었다면 그것은 평범한 순간을 지나왔기 때문이다.

 누구나 복음서나 그 외의 성경을 읽다가 어느 한 대목이 계속해서 눈길을 끄는 순간을 경험한다. 어느 해인가, 예수님이 병자들을 치료하시는 이야기가 몇 달간 내 마음을 사로잡은 적이 있다. 또 어느 해인가는 예수님이 제자들에게 자신이 떠난 후에 어떻게 살아야 하는지를 말씀하시던 부분을 반복해서 읽었다. 어느 해에는 일 년 동안 사람들이 예수님에게 던진 질문들만 주의 깊게 살펴보았다. 그 다음 해에는 예수님이 사람들에게 하셨던 질문들만 집중해서 보았다.

 특히 예수 공현 기간에는 예수님이 이 땅에 계실 때 행하신 온갖 위대한 이야기에 초점을 맞춘다. 어느 해 내 눈길을 끌었던 성경 구절 중에는 다음과 같은 급소를 찌르는 말들이 있었다.

"우리가 어디서 떡을 사서 이 사람들을 먹이겠느냐?"

"그물을 배 오른편에 던지라. 그리하면 잡으리라."

"내가 네게 무엇을 해주기를 바라느냐?"

"너를 고발하여 속옷을 가지고자 하는 자에게 겉옷까지도 가지게 하며"

"예수께서 이 말씀을 하시고 예루살렘을 향하여 앞서서 가시더라…. 그리로 들어가면 아직 아무도 타 보지 않은 나귀 새끼가 매여 있는 것을 보리니."

"예수께서 그들에게 이르시되 항아리에 물을 채우라."

"아주 현실적인 방안이다. 우리는 계획을 세워야 한다."

 물론 마지막 말씀은 예수님이 실제로 하신 말씀이 아니다. 그러나 그분이 하셨을 확률이 높은 말씀이다. 친구인 루벤 윌치가 종종 말하듯이 아마 성경을 기록한 사람이 깜빡하고 빼먹은 문장일지 모른다.

하루를 성화하는 성무일도에 대해 깨달은 또 한 가지 사실이 있다. 성무일도와 관련한 매우 현실적인 문제다. 그 문제를 다루지 않는다면 성무일도 중에 하나님을 만날 수 있는 기회는 제한될 수밖에 없다.

예를 들어 누군가가 "지금부터 성무일도를 하고 싶어"라고 한다면 "어떻게 시작할 건데?"라고 묻고 싶을 것이다.

그것은 거룩함에 대한 질문이 아니라 일상에 대한 질문이다. 그 차이는 엄청나다.

에드워드 패럴 신부는 "신앙 생활의 가장 큰 세 가지 장애물은 타성, 건망증 그리고 내일로 미루는 버릇이다"라는 말을 했다. 뭔가 중요한 일을 시작할 때마다 우리는 결심을 하고 목표를 세우고 일정을 짠다. 필요하면 계획도 세운다.

성무일도를 어떻게 시작할까? 살면서 무엇이든 중요한 일을 시작할 때와 똑같은 방법으로 시작하면 된다. 사람들에게 물어보고, 알아보고, 적어두라. 한마디로 무엇을 할지 미리 정하라는 말이다.

예수님이라면 당신에게 마을로 들어가서 당신을 찾고 있는 그 남자를 만나 보라고 하실 것이다. 그물을 배 오른편에 던져보라고 하실 것이다. 예수님을 조금 더 채근하면 거룩함에 이르려면 일상에서 시작해야 한다고 말씀해 주실 것이다.

지인 중에 뉴올리언스에 사는 이가 있다. 그는 작가 겸 강사이고 우리가 함께 아는 지인들도 많다. 한번은 같은 출판사에서 책을 낸 적도 있다.

어쩌다 한날한시에 가까운 곳에 있게 되면 나는 잠깐이라도 짬을 내어 그를 꼭 만나려고 한다. 여름에 도서전이 열리는 시기가 되면 작가인 우리는 어김없이 그곳에서 만나게 된다. 작가와 자리를 함께하기 위한 가장 좋은 방법은 식사 대접이라는 사실을 알게 되면서 나는 그에게 전화를 걸어 함께 식사를 하자고 제의했고 그럴 때마다 그의 점심 시간은 비어 있었다. 나중에 알고 보니 그에게 점심을 대접하겠다는 사람이 나 말고도 너덧 명은 더 있기 마련이었다.

어느 날 그가 묵고 있는 호텔 식당에서 함께 점심을 먹고 있을 때 갑자기 그는 "잠시 방에 갔다 와야겠네"라고 내게 양해를 구했다. 나는 그가 건강이 좋지 않다는 것을 알고 있었기에 방에 가서 약을 먹거나 뭔가 해야 할 일이 있는 줄로 생각했다. 그가 자리를 뜬지 얼마 후 누군가에게 전화할 일이 생각나서 공중전화를 찾으러 호텔 로비로 나갔다.

막 구석진 곳을 돌아서는데 그 친구가 로비 의자에 앉아 있는 모습이 보였다. 눈을 감고 가지런히 두 손을 앞으로 모으고 있었다. 마치 협의회에 참석하는 사람들이 다음 회의가 시작되기 전 잠깐 눈을 붙이는 모습과 흡사했다. 그의 모습을 가만히 지켜보던 나는 그가 성무일도를 하고 있음을 알아챘다.

다시 식당으로 돌아온 그에게 나는 비밀을 지켜 줄테니 안심하라고 말했다. 그가 원고와 씨름하는 대신 성무일도에 열심이라는 사실을 굳이 기독교 출판업자들에게 광고할 필요는 없으니까.

나는 가까운 교회에서 기도 시간을 알리는 종소리가 들릴 때마다 가끔씩 그 친구가 생각난다. 오늘은 또 누구와 점심을 먹다가 슬쩍 빠져나갔을지, 요즘은 무슨 책을 쓰다가 성무일도를 하기 위해 잠시 손을 놓고 있을지 궁금하다. 성무일도서를 보지 않고서도 호텔 로비나 비행기 안에서 기도할 수 있을 정도면 대체 얼마나 오랜 기간 성무일도를 해 왔을까? 오늘은 어떤 찬가와 시편을 외웠고, 어떤 은혜를 받았을까?

성무일도는 어떻게 하루의 삶을 거룩하게 만들었고 그의 직업과 지역 사회와 글쓰기와 영혼에 어떤 영향을 미쳤을까? 대충 짐작이 가긴 하지만….

나의 연약한 심령에 비해 그의 심령은 얼마나 강건해졌을까? 그런 궁금증이 깊어지는 가운데, 처음 그를 만난 날부터 지금까지 그가 내 인생을 변화시킨 것은 그의 영혼이 지닌 깊이와 연관이 있음을 알게 되었다.

그러면서 나 자신을 향해 '왜 나는 성무일도를 좀더 충실하게 하지 않았을까?'라고 자문했다.

그 질문에 대한 나의 대답은 '그 복잡한 것을 전부 실천하려면 너무 시간이 많이 걸리니까'였다. 물어보나마나 한 것 아닌가?

W. H. 오든(Auden)은 이렇게 말했다. "예술가는 철저한 시간 개념이 있어야 한다. 우리의 삶은 포위된 것과 같은 긴박한 상황임을 절대로 잊으면 안 된다." 그가 말하는 예술가란 단지 시인만을 의미하지 않았다. 다양한 예술과 기술 분야에서 열정과 노력을 아끼지 않으며 살아가는 모든 사람들을 의미했다. 의료, 교육, 양육, 어느 직업에 종사하든 직업인들에게는

나름대로 기술이 필요하다.

    이런 말을 여러 사람들 앞에서 하기는 싫지만 그래도 해야겠다. 그 동안 정말로 성무일도를 할 수 없었던 날들이 많았다. 글을 쓰는 직업이 얼마나 정신없는 일인지 독자들도 잘 알리라.

    아침에는 일기를 쓴다. 당시 하고 있는 작업이 무엇이든 최소한 600단어 분량은 써야 한다. 일기를 쓰지 않으면 무슨 일이 일어났는지 잊어버린다. 나처럼 이야기를 써서 먹고사는 사람에게 그것은 치명적인 일이다. 자신에게 일어난 일을 기억하지 못하면 600여 단어 분량의 글을 쓸 만한 소재가 사라져 버린다. 결국 그 말은 책을 쓸 소재가 없다는 뜻이다.

    그런 다음 차를 몰고 그 날의 신문을 사러 나간다. 신문을 사고나면 신문에 있는 낱말 맞추기를 한다. 이후 잠시 다른 작가의 작품을 손본다. 전에 작업했던 책에서 무언가를 만들어 내기 위해 책의 내용을 일부 수정한다. 전화도 걸어야 하고, 심부름도 가고, 편지도 쓴다. 가끔은 회의나 모임에도 참석한다.

    나에게는 한 달에 한 번씩 만나서 점심을 같이 먹는 네 명의 친구들이 있다. 주도면밀하게 계획을 세워서 일주일에 한 명씩 만난다. 다른 날에도 가끔 점심을 먹으러 나간다. 점심 후에는 낮잠을 잔다. 내 작업에 도움이 될 만한 자료들도 읽는다. 정원 가꾸는 일도 게을리할 수 없다. 갈퀴질을 하고, 화단을 만들고, 잡초를 뽑고, 뽑은 잡초를 내다버린다.

    시간을 따로 내서 규칙적으로 수영도 해야 청년 같은 몸매를 유지할 수 있다. 매주 골프도 쳐야 한다. 물론 '쳐야 한다'는 말은 상대적인 말이지만 당신이 골프를 쳐 보면 내가 왜 "골프를 쳐야 한다"라고 말하는지 알게 될 것이다. 심지어 당신이 골프 치는 사람과 함께 살기만 해도 내가 왜 '해야 한다'고 말하는지 알게 될 것이다. 게다가 내가 골프를 치는 방식 때문에 골프 치는 시간이 상당히 오래 걸릴 수도 있다.

가끔은 중간에 예기치 못한 방해꾼도 끼어든다. 거의 세 시간에 한 번 꼴로. 그렇기 때문에 우리는 하수도 뚫는 사람, 기계 고치는 사람, 전기 수리공 등에게 신속하게 연락하는 단축키가 필요하다.

친한 친구들도 있다. 우정의 한 가지 단점은 조심하지 않으면 친구들이 당신에게 전화를 걸거나, 당신을 밖으로 불러내거나, 집으로 찾아온다는 것이다. 우정을 유지하는 일이 이렇게 시간을 많이 소모하는 일인지 누가 알았겠는가?

또 저녁을 먹은 다음에는 설거지를 도와야 한다. 아니 뭐, 반드시 도와야 하는 것은 아니지만 요리나 설거지나 빨래나 정원 일을 했을 때 보너스로 따라오는 초콜릿 과자의 유혹은 떨쳐버리기가 힘들다.

우리 집 베란다에는 작은 소파가 있어서 저녁이 되면 그곳에 즐겨 앉는다는 말도 했던가? 아니면 아침 일찍 일어나기 위해 일찌감치 잠자리에 든다는 얘기도 했던가? 나는 잠자리에서 잠시 책을 읽어야 한다. 어떤 날에는 독서가 좀 길어지기도 한다.

다시, 성무일도로 돌아간다면, 나는 정말 성무일도를 할 시간이 없다.

일반적으로 남들과 비교해 볼 때 내 생활은 바쁜 축에 들지 못하는 데도 이 모양이다. 이 지구상에 살아가는 사람들은 대부분 나보다 훨씬 바쁜 생활을 하고 있다. 나는 근무 시간이라는 것도 없고 출퇴근할 직장도 없다. 다른 사람들, 그러니까 사회에 실제적인 공헌을 하면서 실질적인 일을 하는 다른 사람들은 나보다 훨씬 많은 업무에 시달리고 있다.

그런데도 나는 "예수 그리스도 자신이 이 세상에서 육신으로 사시는 동안 하나님 아버지께 드린 기도"를 실천하기에 너무 바쁘다는 핑계를 대기가 어렵지 않다. 내가 하고 있는 일들이 크건 작건, 문학적으로 훌륭하건 아니건, 얼마나 오래 걸리건 짧게 걸리건, 얼마나 중대한 작업이건 아니건 간에 나의 하루를 채우고 있는 그 일들을 성무일도보다 더 중요하게 여기고 있음은 부인할 수 없는 사실이다. 자, 내가 왜 성무일도를 하지 않는가? 그건 시간이 너무 많이 들기 때문이다.

"하루를 어떻게 보낼 것인가는 곧 인생을 어떻게 살 것인지에 관한 문제다. 그 시간으로 무엇을 하는가가 곧 우리가 하는 일이다"라고 퓰리처상 수상작가 애니 딜라드는 말했다.

시간은 우리 삶의 진정한 재산이다. 우리 인생의 다른 부분에 들어가는 시간을 관리하는 만큼 영적인 부분에 들어가는 시간을 관리해야 한다.

보물이 있는 곳에 마음이 있다. 적어도 그렇다고 들었다. 시간을 들이는 곳에 애정도 따라가기 마련이다. 할 시간이 없다는, 참여하기에는 시간에 쫓긴다는 성무일도 역시 거기에 포함된다.

이제 내가 말하고자 하는 것을 아는 사람은 나밖에 없을 것 같다. 그 이유는 나만이 시간을 내어 자리에 앉아 그것을 알아냈기 때문이다. 작가들에게 남아도는 것이 시간뿐이라는 말은 그 사실로도 명백해진다. 아니, 어쩌면 내가 당신에게 이 말을 할 유일한 사람이기 때문에 그럴 수도 있다.

비록 다른 사람들이 그 사실을 알고 있었다고 하더라도 나는 그것을 어느 누구에게서도 듣지 못했다. 그 어떤 위대한 신앙 서적들 가운데 어디에서도 "예수 그리스도 자신이 이 세상에서 육신으로 사시는 동안 하나님 아버지께 드린 기도", 즉 성무일도를 드리는 데 있어서 장애물을 극복하는 데 도움이 될 만한 내용을 본 적이 없다.

성무일도를 한 번 하는 데 약 12분 정도가 소요된다. 원한다면 그날 읽어야 할 성경 구절과 시편을 여러 번의 성무일도에 조금씩 나눠 읽는 대신 한 번의 성무일도를 드리는 동안 전부 다 읽을 수도 있다. 그러면 한 번의 성무일도에 걸리는 시간이 17분이나 되는 대기록을 세우게 된다. 아니면 보통 하는 대로 성경과 시편을 조금씩 나눠 한 번의 성무일도를 9분만에 마칠 수도 있다. 하지만 진짜로 어려운 것은 일반적으로 보기에 너무 많은 시간이 걸리는 것 같은 성무일도를 규칙적으로 제 시간에 하는 일이다.

나만 그런지는 모르겠지만 나는 앞으로 한 시간 내내 하고 있을 일을 잠시 접어두고 기꺼이 9분을 할애해서 성무일도를 할 것이다.

물론 어떤 날은 평소보다 더 정신없이 바쁠 때가 있다. 또한 내 의지로 어쩔 수 없는 순간들도 있다. 가령 운전 중이라든지, 명절날 일가 친척들이 다 모인 때라든지, 전화가 왔다든지, 차가 고장났다든지 하는 때다. 하지만 9분이나 12분 동안의 아침 기도를 드릴 시간이 없다고 말하는 것은 변명이라고 하기에도 너무나 어설퍼서 낯이 뜨거워지지 않을 수 없다. 이 세상 무엇보다, 누구보다 사랑한다고 고백하는 분과의 교제에 대해 그런 식으로 말하는 것은 정말 낯 뜨겁다.

성경을 기록하던 사람이 순간적인 실수로 빼먹은 듯한 구절이 또 하나 있다. "네가 나와 함께 12분 동안도 있을 수 없더냐?"

뭐라고? 존 스튜어트의 코미디쇼와 신문의 낱말 퍼즐과 베스트셀러 소설을 포기하라고? 더 늦게 자던지 더 일찍 일어나라고? 전화 오는 것을 받지 말고 그냥 나중에 그에게 전화하라고?

우리의 삶은 포위된 것과 같은 긴박한 상황임을 절대로 잊지 말아야 한다. 그리고 그 탈출망을 막고 있는 원수는 다름아닌 우리 자신이라는 사실 또한 절대로 잊지 말아야 한다.

7장
유일한 길

네 골방에 들어가 기도하라.

나사렛 예수

성무일도가 짐처럼 느껴질 때가 있을 것이다.

떼제 규칙서

믿음의 영웅들이 이구동성으로 외치는 금언이 있다. 자유는 훈련이라는 대가를 치러야 얻는다.

엘튼 트루블러드(Elton Trueblood)

성무일도를 할 수 없는 이유가 '너무 바빠서'라고 밝힌 앞 장의 장황한 설명을 뒤로 하고 이제는 '제대로 하기에 너무 복잡하다'는 이유로 넘어가 보자.

나는 첨단 디지털 제품을 전혀 다루지 못하는 기계치는 아니다. 터보텍스(Turbo-Tax) 세금 계산 응용 프로그램을 컴퓨터에 설치해서 세금 계산 정도는 혼자서 할 수 있다. 인터넷에서 전날 야구 경기 기록을 확인하거나 비행기 표를 예매하는 방법도 안다.

주택담보 융자금도 온라인으로 자동이체할 줄도 알고 우리 집 수영장의 수질 관리와 약품 처리도 완벽하게 할 줄 알고, 심지어 경이로운 사실은 내가 디지털 방송 녹화 프로그램도 다룰 줄 안다는 것이다. 지금까지 만난 어떤 여인보다 내가 더 와이셔츠를 잘 다리고, 심지어 그레코로만 레슬링 경기를 보면서 득점 상황을 정확하게 맞출 수도 있다. 사람들이 (나 자신을 포함해서) 무슨 말을 하건 나는 결코 멍청이가 아니다.

나는 자동차 면허도 있고, 수표계정의 잔액도 계산할 줄도 안다. 생계를 꾸려갈 방법, 원고 마감일 준수하는 법, 자녀들을 양육하는 법, 결혼하는 법, 집 구매하는 법, 수입의 십일조 드리는 법, 동네 사람들에게 예수님

7장 유일한 길

같다는 말을 듣는 법, 선거에 참여하는 법, 식당에서 내가 원하는 음식을 제대로 주문하는 법(심지어 이탈리안 식당에서도) 등, 그 모든 일을 사제나 목사가 매일 매시간 감독하지 않아도 할 수 있다.

그런데 기도서에 꽂혀 있는 세 개의 가름끈을 옮기는 일, 오늘이나 이번 주에 읽어야 할 성경 구절이 무엇인지 보여 주는 표를 해독하는 일, 사순절이 언제부터인지 알아보기 위해 부활절에서 뒤로 날짜를 계산하는 일, 30일 시편 통독표에서 8일째 되는 날에 어떤 시편을 낭독해야 하는지 알아내는 일 등은 너무나 성가시고 어렵다.

차라리 언제든 마음 내킬 때마다 하나님께 기도하는 편이 훨씬 나을 것 같다. 예를 들면 운전을 하는 동안 라디오에서 광고가 나오면 광고 시간 동안 하나님께 간구하고 싶었던 내용을 재빨리 말하고 다시 운전에 집중하면 된다. 사람들이 그런 나를 '기도의 사람'으로 알아주면 좋겠건만….

시간과 복잡함의 문제 외에도 성무일도를 시작하고 지속하기 위해 자신을 훈련해야 하는 실제적인 문제도 짚고 넘어가야 한다.

글쓰기로 밥벌이를 하지 않는 사람들은, 신비주의에 가깝게 살아가는 작가들이 하늘에서 비처럼 쏟아지는 현란하고 눈부신 글들을 부지런히 받아 적으면 되는 줄 안다. 작가들이란 자신을 속여서 무엇이든 쓰려고 하면서 많은 시간을 보낸다. 당신은 작가들이 순진한 독자들을 속여서 자신이 쓴 책을 읽게 한다고 생각하는가? 아니, 사실 속임수는 작가 자신에서부터 시작한다. 내 경험으로 비춰보건대 하루에 600여 개 단어를 써야 하는 일만 아니라면 세상 그 어떤 일이든지 하고 싶을 때가 많다.

언젠가 한 작가에 대한 이야기를 읽었는데 그는 날마다 아침에 일어나면 자신이 전날 쓴 원고를 전부 컴퓨터에 재입력한다고 한다. 그런 다음에는 다른 사람에게 말 한마디 하지 않고 외투를 입고 모자를 쓴 다음 밖으로 나가서 다음에 쓸 말이 머릿속에 떠오를 때까지 거리를 쏘다닌다는 것이다. 소재가 머리에 떠오르면 얼른 집으로 돌아와 즉시 컴퓨터 앞에 앉아서 거리에서 떠올랐던 새로운 내용들을 잊기 전에 최대한 빠른 속도로 입력한다.

그러다가 지쳐 소재가 떨어지면 그제야 외투와 모자를 벗고서 처음부터 같은 과정을 되풀이한다. 예전의 원고들을 다시 타이핑하고 밖으로 나가서 새로운 내용이 떠오를 때까지 거리를 쏘다니고 또다시 집으로 와서 새로운 내용을 입력하고, 그런 식으로 할 수 있는 데까지 같은 일을 몇 번이고 반복한 후에야 하루를 마감한단다.

어느 날 라디오에서 한 상담가를 인터뷰하는 내용을 듣게 되었는데 그 상담가는 소위 '슬럼프'에 빠졌다고 말하는 예술가들을 주로 상담하고 도와준다고 한다(작가들은 되도록 '슬럼프'라는 단어를 입에 올리지 않으려고 한다). 그가 그 분야에 정통한 이유는 자기 자신이 예전에 작가였기 때문이다.

그는 음악가, 시나리오 작가, 소설가 같은 사람들을 상대했는데 그가 그들에게 해주고 싶은 결론적인 충고는 이 말이었다. "당신은 오늘 하루에 책 한 권을 끝내지 않아도 된다. 어차피 책 한 권을 하루에 다 쓸 수는 없으니까. 그건 하루라는 시간으로 될 일이 아니다. 그저 오늘 하루도 일한다는 생각으로 쓰면 된다."

7장 유일한 길

구체적으로 그는 이렇게 이야기했다. "우선 방에 들어가 문을 닫으라. 그런 다음 다른 무엇을 하거나, 생각하기 전에 먼저 당신이 늘 작업하는 기계를 작동시켜라. 당신이 작업하는 도구가 만년필이라면 뚜껑을 열고 전날 종이에 써 놓았던 문장의 다음 줄에 갖다 대라. 작업 도구가 컴퓨터라면 전원을 켜고 전날 작업을 끝낸 문장 다음에 커서를 갖다 놓고 자판 위에 손을 놓으라.

그런 다음에 전날 한 것을 잠시 되풀이하라. 작곡가라면 전날 만든 곡의 끝부분을 계속해서 연주해 보고 작가라면 전날 쓴 마지막 문장들을 계속 재입력해 보라.

당신이 진정한 예술가라면, 그리고 그것이 당신의 운명이라면 2, 3분 정도만 지나면 일 자체가 당신을 사로잡아서 새로운 발상이 떠오르기 시작할 것이다. 기발한 발상일 수도 있고 형편없는 발상일 수도 있고, 나중에 수정이나 보완이 필요한 발상일 수도 있다. 하지만 어쨌든 작업이 시작되었다. 당신은 일을 할 것이고, 곡을 만들 것이고, 책을 쓰게 될 것이다.

하루만에 책 한 권을 완성할 생각은 하지 마라. 방에 들어가 문을 닫고 도구를 들고서 일이 끝날 때까지 손가락을 움직여라. 작가가 되는 유일한 길은 글을 쓰는 것뿐이다. 글을 많이 쓰다 보면 당신은 비로소 작가가 될 것이다.

기도의 사람이 되어야만 기도를 시작할 수 있는 것이 아니다. 오히려 그 반대다. 기도를 많이 하다 보면 그때 비로소 기도의 사람이 될 것이다. 하지만 기도하지 않으면 우리는 기도의 사람이 되지 못한다.

성무일도를 할 때 일어날 수 있는 일 가운데 하나는 이것이다. 성무일도가 나를 기도의 사람이 되게 할 수 있다.

오늘 하루만에 기도의 사람이 되지 않아도 좋다. 오늘 하루만에 경건하고 헌신적인 사람이 되지 않아도 좋다. 오늘 하루만에 거룩한 사람이 되지 않아도 좋다.

샤를 드 푸코는 이렇게 말했다. "나는 정성스럽게 성무일도를 드려야 한다. 성무일도는 내가 날마다 드리는 신선한 꽃이며 그것은 날마다 사랑하는 신랑께 바치는 신선한 사랑을 상징한다."

방으로 들어가서 문을 닫고 성무일도서를 펴는 일이 오늘 내가 해야 할 일이다. 그런 다음 성무일도의 존재 이유가 되시는 그리고 성무일도의 대상이신 그분께 기도를 바치는 것이다. 하루 동안 내가 드려야 할 600여 개 단어의 기도문으로 정성스럽게 성무일도를 바치면 된다.

그러다 혹시라도 성무일도가 귀찮게 느껴지면 어떻게 할까? 로저 수사는 다음과 같이 충고한다. "그런 날에는 몸을 바치는 법을 배우십시오. 당신이 하나님 앞에 나왔다는 것 자체가 당신의 갈망을 상징하는 것이므로 그 순간에는 미처 깨닫지 못해도 그것은 하나님을 찬미하는 것입니다. 눈에 보이는 응답이 없을지라도 당신 안에 거하시는 예수님의 존재를 믿으십시오."

내가 과연 기도의 사람이 될런지는 나도 잘 모르겠다. 하지만 그렇게 되기 위한 유일한 방법은 알고 있다. 기도의 사람들은 기도를 한다. 날마다 한다.

나는 지난 일을 기억하기를 좋아한다. 어쩌면 그래서 이 글도 이렇게 적을 수 있는지도 모르겠다. 살다보면 누구나 눈물이 날 만큼 감격스럽고 좋은 날이 있게 마련이고 그런 날들을 떠올리면 기분이 좋아진다. 실패나 좌절의 순간을 떠올리기도 한다. 그때가 진정으로 하나님을 의지한 순간이었다. 그런 기억을 소중히 여기는 이유는 그 때문에 정말로 하나님을 의지하게 되기 때문이다.

과거를 떠올릴 때, 항상 좋은 것만 기억나지 않는다는 것이 문제다. 창피하고 황당한 기억들도 함께 떠오른다.

나는 자의식이 강하고, 대체적으로 소심하고, 지독하게 숫기가 없는 사람이다. 그런 부류 중에는 자기 그림자에도 놀라는 사람이 있다. 나도 내 그림자를 멀리 쫓아내려고 안간힘을 쓴다. 그놈이 계속 나를 쫓아오면서 나를 불안하게 만들기 때문이다.

이런 내가 사람들 앞에 나선다는 자체가 신기하기 그지없다. 이 세상에서 나보다 부끄럼을 더 많이 타는 사람이 있다면 아무래도 나는 그를 만나지 않는 편이 좋을 것 같다. 혹시 그를 만나서 말 한마디라도 잘못하면 큰일 날 테니까.

오래 전에 일어난 일임에도 불구하고 지금도 생각하면 진땀 나는 일들이 많이 있다. 어느 장소, 어떤 물건이든 과거의 부끄러웠던 기억을 떠올리면 또 다시 그때의 수치심이 되살아난다.

나는 대학을 중퇴했다는 사실이 부끄럽다. 젊은 시절에 다른 사람들에게 했던 말이 부끄럽고 다른 작가들보다 내가 더 많이 안다고 자부하며 출판 일을 하던 때가 부끄럽다.

절실한 순간에 내게 일을 맡긴 사람들에게 좀더 잘해 주지 못했던 일이 부끄럽다. 그들은 나를 매우 친절하게 대했지만 끝에 가서 나는 그들을 냉정하게 대했다. 그리고 아버지가 돌아가시기 전, 두어 번 아버지를 무척이나 실망시켜 드린 일이 부끄럽다.

어느 오래된 노래 가사에 있듯이 그런 일들은 "깊은 바다 속에 묻어 두었지만"(정말로 나는 묻어 두었다고 믿는다) 여전히 어떤 일들은 지금 생각해도 식은땀이 난다. 그 모든 일을 용서받았다고 믿지만 아무도 그 일들을 잊지 않았을까 봐 겁이 난다.

이런 증상을 일컫는 병명이 분명히 있을 것이다. 무슨 증후군이라든가 노이로제와 같은 이름이 있지 않을까? 나는 3년 동안 임상치료사의 치료를 받은 적이 있다. 아마도 독자들은 내가 3년이나 치료를 받았으니까 병명이 무엇인지 정도는 알고 있을 거라고 생각할 것이다. 나는 너무 부끄러워 물어보지도 못했다.

내가 다짐한 대로 성무일도를 드리지 못하면 부끄럽다. 특히 여기에서 밝히고 싶지 않을 만큼 오랜 기간 성무일도를 드리지 못했을 때 무척이나 부끄럽다.

그래서 가끔은 부끄러운 마음을 감추고 성무일도를 드리며 혼자서 낄낄거린다. 내가 할 수 있는 일은 그저 자신에게 웃는 것뿐이니까. 가끔은 웃음도 도움이 될지 모르고 어떤 면에서 거룩할지도 모른다는 생각까지 한다.

나는 한때 정신병동에 입원한 적도 있다. 솔직히 그다지 나쁘지 않았던 장기간의 치료를 경험했다. 당시 만성 우울증 환자나 자살을 기도한 사람들은 오랜 기간 입원했다가 실제적인 도움을 받기도 했다. 최소한 당신에게 문제가 있다는 말만 듣고 퇴원하는 일은 없었다. 그들은 자신이 문제가 있다는 걸 이미 알고 있다. 그래서 그곳에 들어간 것이 아닌가?

그런데 하필이면 20년 동안 작가 생활을 하면서 유일하게 내 수입이 좀 괜찮아지려는 순간에 그런 일이 일어났다. 당시에 나는 영성훈련학교라는 청빈한 단체와 집을 오가며 사역하고 있었고 그 사이에 감리교단을 섬기면서 성 베네딕투스 규칙서도 공부하고 있었다. 그러다 신경쇠약에 걸린 것이다.

정말로 필요한 상황이 아니라면 몇 주간 정신병동에서 치료받는 일은 권하고 싶지 않다. 그렇다고 무조건 받지 말라는 이야기는 아니다. 그저 별다른 생각 없이 살다가 몇 명의 남자들이 당신의 신발을 벗기고 허리띠를 풀고 자동차 열쇠를 가져간 다음에야 당신은 지나온 삶과 앞으로의 삶을 신중하게 생각하게 될 것이다.

개인적으로는 정신병원에서의 시간을 다른 무엇과도 바꾸고 싶지 않다. 그곳에서 전날의 다짐을 실천에 옮기지 못한 자신에게 웃어 줄 줄 아는 여유도 배웠고 점검 목록표를 만드는 법도 배웠다.

정신병원에서 퇴원했을 때 내 손에는 다시 그곳을 방문하지 않기 위해서 날마다 해야 할 일들의 목록이 들려 있었다. 날마다 약을 먹는다든가, 점심을 먹는다든가 하는 거였다. 잊지 말고 꼭 점심을 챙겨 먹으라는 당부를 들었다. 아주 제때에 정신병원에 들어간 셈이다. 그 당시에는 많은 일들을 잊어버리기 일쑤였으니까.

나는 내 다이어리 안에 작은 네모들을 그려놓고 한 칸에는 약을, 한 칸에는 점심을, 또 다른 칸들에는 이것저것을 점검해 표시하도록 했다. 몸이 안 좋아지면 나는 다이어리를 펼치고 한 장 한 장 넘기면서 "그래, 내가 아직 운동을 안 했구나! 어쩐지…"라는 식의 엉뚱한 감탄사를 뱉어냈다. 생사의 갈림길에 서 있는 사람에게 그것은 그다지 기발한 방법으로 보이지는 않겠지만 그 당시 생사의 갈림길에 서 있던 내게는 분명히 효험이 있었다.

시간이 지나면서 네모칸은 바뀌었다. 현재 내가 사용하는 방법은(장장 20분이나 걸려서 올해 달력에 표시하는 데 성공한) 네 개의 네모와 세 개의 동그라미로 변했다. 기분이 좋은 날에는 그 도형에 색칠까지 한다. 어떤 날에는 그 표시들을 바라보면서 예전의 초등학교 3학년 선생님이나 정신과 의사가 문을 열고 들어와서 내게 별 다섯 개를 주는 상상도 해 본다.

언젠가 누군가는 내게 말할 것이다. 글쓰는 기계처럼 글을 써 가는 나의 모습에 약간의 놀라움과 심지어 존경심마저 품고서 "어디에서 훈련을 했기에 그토록 하루도 빠짐없이 글을 쓸 수 있는 건가요?"라고 물을 것이다. 그런 질문을 받으면 보통 아주 고상하고 참신한 명언으로 대꾸한다. 하지만 솔직히 이야기하자면 내가 날마다 글을 쓰는 것은 네 번째 네모 칸에 '색칠을' 해야 하기 때문이다.

이 글을 읽는 모든 독자들 앞에서 어른 행세를 하려는 나의 유아적 모습을 적나라하게 드러내는 일이 몹시도 부끄럽다. 좀더 멋있고 시적인 표현으로 독자들이 기도에 대한 나의 훈련과 통찰력에 놀라게 만들고 싶었기 때문에 몇 주간 동안 고민했다. 하지만 나는 방금 기술한 그대로 적기로 했다. 당신도 달력 위에 몇 개의 네모 칸을 그리고 색연필을 준비해 보라.

하루에 몇 번 성무일도를 할 것인지를 정하고 실천할 때마다 표시를 해 보라. 하나님 나라에 들어가려면 어린아이와 같아져야 한다고 주님이 말씀하셨다. 이 나이에 네모칸에 색칠을 하고 있는 내 모습을 보면서 나는 그 말씀에 큰 위안을 얻는다. 아마도 작은 네모들과 색연필과 순진한 미소를 가진 사람이라면 그는 기도의 집에도 들어갈 수 있을 것이다.

네모에 색칠을 하는 것은 내가 하나님을 섬기면서 그날의 의무를 다하는 데 도움을 준다.

죽어서 천국에 가면 일부는 천국 문에 들어가도 좋다는 허락이 떨어지기 전에 잠시 헛간으로 보낼 것이라고 믿는 친구가 있다. 그중에는 다른 사람보다 더 오래 헛간에 머물러야 할 사람도 있을 것이라고 한다. 그 친구가 그런 말을 하면서 나를 쳐다볼 때는 눈빛이 상당히 야릇하다.

또 다른 친구는 다양한 교파의 사람들과 친하게 지내는데 그중에는 나 같은 성공회도 있고 별의별 사람들이 다 있다. 그 친구는 말하길 천국에 가면 사람들이 뾰로통한 표정으로 앉아 있는 방이 있다고 했다. 자기가 볼 때 전혀 천국에 올 수 없는 이들이 들어와 있으니 말하자면 심통이 난 것이다.

내 친구들에 관해 독자들에게 몇 가지 밝히자면, 그들은 모두 나처럼 나사렛 교파에서 성장했고 지금은 나처럼 성공회 교회에 다닌다는 사실이다. 비록 감리교회를 다니지는 않았지만 나와 마찬가지로 신학자가 아닌 순례자의 길을 걷고 있다.

천국에 갔을 때 실제로 어떤 일이 일어날지는 아무도 모른다. '스스로 계신 분'이 우리를 위해 무엇을 예비하셨을지 안다고 확신하는 무리마저 그 '아무도'에 포함된다. 우리가 이 땅에 사는 동안은 천국의 일을 도무지 예견하지 못한다고 하나님은 말씀하셨다.

어제는 내 친구들을 생각하다가 문득 천국에 가면 웃는 방도 따로 있겠다는 생각이 들었다. 제일 걱정했던 문제가 그 방에 들어가니 아무 문제도 아니었음을 깨닫고 웃는 방이다. 어쩌면 우리가 예상한 그 세 개의 방을 모두 들어가야 할 사람도 있을지 모른다.

목요일의 성무일도를 계획대로 실천하지 못한 사람들을 위해 한 가지 충고를 하겠다. 다음 주 화요일이 되어서야 목요일에 성무일도를 빼먹었다는 사실을 알게 되어도 괜찮다. 내가 일러주는 충고를 따라해 보라.

먼저, 거울을 보면서 마치 귀엽게 미소짓는 어린아이에게 싱긋 웃듯이 당신 자신을 향해 웃어 주라. 거울에 비친 모습이 당신을 향해 웃을 때까지 웃어 주라. 필요하다면 깔깔 소리내어 웃어 보라. 웃는 이유는 기도가 중요하지 않아서가 아니라 하루 기도를 빼먹었다고 세상이 끝나지 않기 때문이다. 하나님의 사역이나 당신의 인생도 그것으로 끝나지 않는다. 더불어 당신의 신앙 생활도 그것으로 끝이 아니다.

7장 유일한 길

"항상 다시 시작하라"고 성 베네딕투스는 말했다.

당신도 눈치챘겠지만 어제는 이미 지나갔다. 당신이 새롭게 시작해야 하는 날은 오늘이다. 당신 앞에는 색칠을 기다리고 있는 엄청난 네모들이 정렬해 있다.

성무일도 식의 기도에 끌려서 시작한 사람들은 성무일도 자체가 맥없는 일과처럼 느껴지는 순간이 찾아온다. 처음에 아무리 강력하게 끌렸어도 마찬가지다. 시간 소모, 복잡함, 꾸준히 해야 하는 번거로움, 오랜 기간 아무런 보람도 느낄 수 없는 답답함 같은 갖가지 두려움, 의심 그리고 불확실성이 우리 발목을 잡아당긴다.

알고 보면 어제 오늘 일이 아니다. 우리가 현대에 살고 있기 때문에 생기는 문제가 아니다.

우리는 매일 해야 할 그날의 기도만 드리면 그뿐이다. 그 외 하나님의 일은 하나님이 알아서 하실 일이다.

8장
함께, 홀로 드리는 기도

내가 기도하노라. 너희 사랑을 지식과 모든 총명으로 점점 더 풍성하게 하사 너희로 지극히 선한 것을 분별하며.

사도 바울

성무일도는 성도들의 공동체 속에 존재한다.

떼제 규칙서

중요한 것은 얼마나 생각하느냐가 아니라 얼마나 사랑하느냐이며 그럼으로써 더욱 사랑하게 하는 것이다.

아빌라의 성 테레사

얼마 전에 우리 교회에서 처음으로 매년 남성도 수양회를 열겠다고 광고를 한 적이 있었다. 내심 반가운 생각이 들었다. 그 동안 한 번도 그런 일이 없었기 때문에 연례 행사라는 말에 흥미가 당겼다. 한 해에 한 번씩 열린다니까, 그리고 올해 처음으로 개최했으니 굳이 따지자면 연례 행사가 분명해 보였다. 스윗앤로가 감미료인 것은 분명하지만 그렇다고 설탕이라고 말할 수는 없는 것과 비슷하다고나 할까?

교회 주보에서 그 광고를 보는 순간 약간의 언어유희가 머릿속에 떠올랐지만 크게 관심을 두지는 않았다. 수양회를 담당한 성도들은 내가 참석할 의사가 없다고 하니 대단히 놀라워했다. 남자인데다, 그 교회 교인이고, 주님도 알다시피 수양회라면 사족을 못쓰던 나였다. 나야말로 그 행사에 참석할 자격이 충분했고 심지어 그 수양회에서는 골프를 치는 시간도 있었다(그때까지 수양회에서 골프를 친 기억은 거의 없다). 일반적으로 수도원에서는 골프를 취미로 삼지 않는다. 골프 이야기를 들으니 혹시 내가 좋은 기회를 놓치는 것은 아닌지 은근히 걱정도 되었다. 골프 한 라운드를 치기 전후에 기도를 하는 것은 내 핸디캡에 도움이 되면 되었지 해가 되지는 않을 것이다.

8장 함께, 홀로 드리는 기도

사실 나는 모임에는 잘 가지 않는 편이다. 혹시 'MBTI'(Meyers-Briggs Type Indicator)를 들어봤는지 모르겠는데 그것은 개인의 성격 유형과 선호도를 측정하는 데 매우 효과적인 도구라고 생각한다. 나는 그 검사표에서 내향성 지수가 상당히 높은 편에 속한다. 나와는 정반대로 극단적인 외향성에 속하는 사람이 최근에 정년 퇴직을 하고 플로리다주 템파로 이사를 갔다. 그곳은 소위 '버림받은 외향성 남자들의 집'이라고 했다. 그는 내게 놀러 오라고 했지만 만약 그곳을 방문하면 그는 틀림없이 나와 얘기를 하고 싶어 할 것이고 내게는 단 5분간의 평화도 주어지지 않을 것이 뻔했다.

그리고 내가 어떤 모임에 참석한다면 그 모임은 절대로 여성을 제외한 모임이어서는 안 된다. 여성을 배제한다는 것은 나의 정치적인 가치관은 물론이고 정의와 평등에 대한 가치관에 있어서도 어긋나는 일이다. 하지만 내가 남자들만의 행사에 참석하지 않는 진짜 이유는 여성들이 훨씬 더 재미있고, 재치있고, 편하기 때문이다. "자, 남자들만 전부 모이자"라고 한다면 그건 내게 멀건 수프보다 더 싱거워 보인다. "자네들은 앞서 가게나. 나는 봐서 나중에 따라가지. 사냥을 하던, 포커를 하던, 스키를 타던, 알아서 해. 나는 그냥 여기 앉아서 우리 마누라랑 다른 여자들을 보호하고 있을 테니까." 혹시 당신이 여자들의 수다를 들어줄 남자를 찾는다면 나야말로 적임자다.

그런 까닭에 나는 남성도 수양회 광고를 외면했고 심지어 개인적인 초청도 거부했다. 그러자 이번에는 수양회 담당자가 나에게 미끼를 던졌다. 나보고 수양회에서 강의를 해달라는 거였다. 오로지 만년필과 노트로 방

구석에서 글을 쓰며 살아가는 사람들이 대부분 그렇듯 나 역시 전 세계가 들어야 할 주옥 같은 이야기를 갖고 있으며 어디를 가든 모든 이가 내 이야기를 경청할 것이라고 생각하는 사람이다. 그래서 결국 수양회 참석을 수락했다.

사실 큰 기대를 가졌던 것은 아니라는 점을 밝혀두겠다. 수양회에 참석하겠다고 등록한 남자들은 대부분 내가 전혀 모르는 사람들이었다. 더욱이 수양회 일정에는 내가 예상하던 것만큼 침묵의 시간이 많지 않았다. (수양회라면 내가 그들보다 한수 위라는 사실도 밝혔던가?)

첫날 저녁은 그럭저럭 괜찮았다. 수양회에 참석한 남자들은 내가 하고픈 말을 하는 동안 내게 친절하게 대해 주었고 저녁 식사도 맛있었다. 다만 남자들은 반갑다는 인사로 다른 사람의 등을 내려치는가 하면 서로 주먹을 부딪치는 통에 나는 심각한 부상을 입기 전에 얼른 그 자리를 떠났다.

다음 날 역시 그런대로 좋았다. 골프 점수가 별로였다는 점만 빼놓고…. 혹시 점수에 도움이 될까 싶어 목사님과 같은 그룹에 속했는데도 결과는 좋지 않았다. 그러다가, 수양회에서 나와 유일하게 절친했던 사람이 일찍 떠나게 되어 몇 명의 남자들과 이야기 할 일이 많아졌다. 그중 두 명은 나만큼이나 수다스러웠다.

수양회 기간 동안 참석자들은 아침과 저녁에 성무일도를 드렸다. 주일 아침에도 예외 없이 우리는 한자리에 모여 기도를 드렸다. 그때는 나도 좀 느긋하게 마음의 여유를 되찾고 있었다. 친절하고 상냥하고 붙임성 좋은 수양회 담당자들이 마침내 나에게서 슬슬 손을 떼고 있어서 그들 곁에 있는 게 한결 편안해졌고 내가 하던 작업도 전날 모두 마친 상태여서 한숨을 돌릴 수가 있었다. 한마디로 나는 편안하게 수양회를 즐기는 일개 참석자에 가까웠다.

우리는 아침 식사를 하기 전에 커다란 강의실에 모였다. 창 밖으로 산자락 끝이 보이고 그 뒤로는 구불구불한 계곡이 이어져 있었다. 막 동이 트려는 순간이었고 하늘은 청명했으며 공기는 신선했다. 곧 아침기도가 시작되었다.

주여 내 입술을 열어주소서.
내 입이 주를 찬송하여 전파하리이다.
영광이 성부와 성자와 성신께,
처음과 같이 이제와 항상 영원히….
땅과 거기에 충만한 것과 세계와
그 가운데에 사는 자들은 다 여호와의 것이로다.
어서 와 하나님께 노래 부르세.
노랫가락 드높이 주님을 부르세.

우리는 다함께 주님을 찬미했다.

모든 축복의 근원이신 이여 오소서.
내 마음이 주의 은혜로 향하게 하소서.

자비의 강은 멈추지 않고
큰 소리로 찬양하게 만드네.

내가 그 시간을 통해 깨달은 한 가지 기막힌 사실이 있다면 '그렇게 이른 아침에 남자들로 하여금 그토록 높은 음의 찬송을 부르라고 하는 것이 얼마나 무리인가' 하는 점이었다. 아무리 생각해도 내가 옳았다. 사람들 모두 일어나서 찬송을 부르는 동안 나는 맨 뒤 내 자리에 그대로 앉아서 눈을 지그시 감고 틀림없이 일어날 음악 사고(?)를 기다렸다.

나에게는 아주 절묘한 방책이 있었다. 주로 시인들이 의자에 앉을 때 하는 것처럼 자세를 취하고 앉아서 누가 보면 명상에 잠긴 사람으로 여기게끔 하는 것이다. 하지만 실제로는 다음에 무슨 말을 해야 할지 고민하고 있었다. 그런 자세는 특히 주변에서 무슨 일이 벌어지는지 지켜보고 싶을 때, 참견하기에는 확신이 서지 않을 때, 사람들 앞에서 찬송을 불러야 하는 등의 황당한 일이 생길 때 매우 유용하다.

나도 음악 사고에 끼어들 준비를 했다. 그 다음 나올 음이 어떻게 될지는 들어보지 않아도 뻔했다. 우리 중 많은 사람들이 정오가 되어도 그 높이의 음에는 도달하지 못할 텐데 아침에는 두말할 나위가 없었다.

내게 아름다운 노래를 가르치소서.
천국의 노래를 가르치소서.
산을 노래하며 그 위에 올라서

주의 영원한 사랑을 찬양하리라.

거기까지 이르자 나는 주위를 둘러보았다. 당신도 그 순간에 노래 부르던 남자들을 봤어야 했다. 어떤 이들은 높은 음을 내기 위해 까치발까지 하고 있었다. 그리고 남자들은 대부분 옆 사람과 팔짱을 끼고 있었다. 부자나 가난한 사람이나, 소심한 사람이나 자신만만한 사람이나, 헌신적인 사람이나 때로 헌신적이지 못한 사람이나, 젊은이나 더 이상 젊지 않은 사람이나, 모두가 그곳에 서서 서로의 팔을 낀 채 찬양을 받으시기에 합당한 분, 하루의 처음과 나중이 되시는 분께 오래된 찬양을 드리기 위해서 안간힘을 쓰고 있었다.

"참 빛이시며 빛의 창조자이신 주여, 간구하오니, 우리가 거룩한 것을 충실하게 묵상하여 언제나 당신의 빛 안에서 살게 하소서. 당신의 이름으로 두세 명이 모이는 곳에 함께하겠다고 약속하시었나이다"라는 기도와 함께 아침기도는 끝났다.

그런 사람들 속에 참여하고 싶지 않은 사람이 누가 있을까? 아침에 일어나서 까치발을 들고 자신을 지으신 창조주 하나님을 찬양하는 사람들…누군들 그 사람들과 함께 서서 날마다 찬양하고 싶지 않을까? 비록 같은 장소는 아니더라도….

골프 때문도 아니었고, 맛있는 식사 때문도 아니었고, 내가 강의 시간에 했던 이야기 때문은 더더욱 아니었다. 그 어느 것도 우리로 하여금 까치발을 들고 눈에 눈물을 글썽이며 마음에서 우러나오는 찬양을 부르게 만들지 않았다. 물론 다른 모든 것들도 훌륭했지만 우리를 하나로 묶어 준 것에 비하면 그것들은 들러리에 불과했다. 우리를 하나로 묶어 준 것은 바로 기도와 찬양이었다.

나의 생활을 감안할 때 요즘에는 6개월이나 8개월 동안 스무 번씩 사람들 틈에서 성무일도를 할 수 있다는 사실이 정말 다행이라는 생각이 든다. 그것도 대부분 내가 인도하는 수양회에서 하고 있다.

당신이 내게 수양회를 인도해 달라고 부탁한다면 루터파건, 침례교건, 감리교건, 청소년 모임이건, 성인 모임이건, 전에 성무일도를 해본 적이 있건 없건 상관없이 그 수양회에서는 성무일도를 하게 될 것이다. 사람들과 함께 성무일도를 하는 것이 수양회를 인도하는 최고의 방법이라고 나는 생각한다. 수양회 강사가 하는 말은 들을 필요도 없다(내가 강사니까).

내가 사람들과 함께 성무일도를 하는 경우는 극히 드물기는 하지만 그래도 나는 운이 좋은 편에 속한다. 대부분 사람들은 성무일도를 혼자서 하게 되는데 정말 쉽지 않은 일이다.

혼자 성무일도를 시작할 때 처음에는 온갖 자질구레한 생각들이 머릿속에 떠오른다. 혹시 내 기도를 누가 들으면 어떡하나, 촛불을 켜고 가만히 무릎 꿇고 앉아서 시편과 기도를 중얼거리는 내 모습을 누가 보고 있지는 않은지, 또 그 모습은 얼마나 이상하게 보일는지 등등.

'혹시 이렇게 드리는 기도가 틀리면 어떡하지?' 성무일도서의 난해한 도표를 해독할 줄 안다고 생각하는 사람들도 가끔은 날짜와 시기를 혼동할 때가 있다. 그 주에 읽어야 할 시편과 성경 구절과 기도를 전부 엉뚱한

8장 함께, 홀로 드리는 기도

데서 잘못 찾는 경우도 많다. 아무도 그 사실을 알지 못한다면? 쉬지 않고 기도하는 기도의 사람이 되고 싶었는데 결과가 미미해서 아무도 나를 기도의 사람으로 인정하지 않는다면? 나는 성자가 되었건만 아무도 눈치 채지 못한다면? 성무일도의 모든 기도가 사실 별 게 아니라면? 성무일도를 아무리 드려도 아무것도 달라지지 않는다면? 나를 포함해서 아무런 변화도 없다면? 옛날의 구식 기도를 드리면서 그저 나 혼자 좋아하는 거라면? 실제로 아무도 하지 않는 일을 나 혼자 하는 거라면?

내가 영성훈련학교를 마쳤을 때 친한 친구 두 명과 이런 다짐을 했었다. 그 동안 늘 함께 다니면서 정이 많이 들었으니 졸업을 해도 잊지 말고 함께 우정을 지켜나가자고.

그래서 우리는 6, 7년 동안 일 년에 세 번 정도 만나서 이삼일을 함께 보냈다. 물론 그 기간에 우리는 여러 가지 일을 하면서 성무일도도 빠뜨리지 않았다. 그리고 서로 헤어져도 성무일도를 잊지 말자고 했다. 몸은 비록 수천 리나 떨어져 있지만 같은 시각에 함께 기도를 드리자는 약속이었다. 혹시 우리 중 누군가 기도할 수 없는 상황이 발생할 수도 있으니 우리는 서로 다른 사람들을 위해서 날마다 성무일도를 드리자고 했다.

어느 해 봄인가, 지금도 생생하게 기억하는 일이 있다. 나는 주로 혼자 작업실 바닥에 앉아 성무일도를 드렸다. 살다보면 일이 꼬이고 잘 풀리지 않는 때가 있는데 그때가 그런 시기였다. 경건하고도 거룩한(?) 성도이자 천직으로 여기는 일로 근근이 먹고살던, 나름 하루하루 성실하게 살려고 기를 쓰던 나는 날마다 성무일도를 드려도 무슨 소용이 있나 싶은 생각이 들었다. 그래서 기도서를 옆에 내려놓고 촛불을 끄고는 혼자 중얼거렸다. "관두자, 관둬! 어차피 누가 알아 주지도 않을 텐데."

그 순간, 내게 여러 가지 질문을 던지면서 성무일도의 필요성을 일깨웠던 작은 목소리, 언젠가 그 유명한 시트콤 "사인펠드"(Seinfeld)에서 조지 콘스탄자가 엉뚱한 착각을 한 후에 "내 안의 작은 인간이 멍청해서 그래!"라고 했던, 바로 그 내 안의 작은 목소리가 이렇게 속삭였다. '좋아, 그럼 네 친구들에게 당장 전화해서 네가 앞으로는 그들과 함께, 그리고 그들을 위해 기도해 줄 수 없다고 말해.' 그냥 전화를 걸어 그렇게 말하라는 속삭임이었다. "나는 이제 더 이상 너희들과 함께 기도하지도, 너희를 위해 기도하지도 않을 거야. 너희가 기도할 수 없는 날에도 내 기도로 성무일도가 끊어지지 않게 하려던 약속을 이제 더 이상 지키지 않을 거야."

우리는 다른 사람을 위해 기도하겠다고 말하기를 좋아한다. 누군가에게 전화를 걸어 그를 위해 기도하지 않겠다고 말하는 것은 그다지 재미있어 보이지 않았다. 그래서 나는 다시 기도서를 집어 들고 촛불을 켜고 종을 울리며 기도문을 읽기 시작했다.

어떤 사람은 거실에서 유독 한 의자에만 앉는다. 신문을 읽을 때도 그 의자에 앉고 성무일도를 드릴 때도 그 의자에 앉아서 창문을 쳐다보며 기도문을 읽는다. 말하자면 의자를 창문 쪽으로 돌려놓는 순간 그곳이 바로 제단이 된다.

또 내가 아는 어떤 여성은 집에서 아침기도를 드린다. 낮에는 근처에 있는 대학에 가서 넓은 잔디밭 주위의 보행로를 천천히 걸으며 낮기도를 드린다. 낮기도를 드릴 때만 그곳을 걷는다고 한다. 처음 그녀가 그곳에서 성무일도를 시작했을 때는 손에 성무일도서를 들고 천천히 걸으면서 기도문을 읽었다. 대학 캠퍼스는 원래 학생들이 늘 책을 손에 들고 다니는 곳이기 때문에 아무도 그녀가 기도를 한다는 사실을 눈치채지 못했다. 그러다보니 어느새 기도서를 외우게 되었고 이제는 기도서 없이도 속으로 기도를 드릴 수 있게 되었단다. 소리를 내지 않고 속으로만 기도하는 이유는 정오만 되면 나타나서 혼자 중얼거리며 걷는 여인을 학생들이 이상한 눈으로 쳐다보기 때문이란다. 대학 캠퍼스에서 사람들을 기겁하게 할 필요는 없으니까.

어떤 사람은 성무일도를 할 때 기도 의자를 사용한다. 장롱 안에 기도 의자를 두고 기도할 시간이 되면 꺼내 사용하는데 그의 십대 딸아이가 그 장롱을 차지하는 바람에 거실 한 구석이 새로운 보관 장소가 되었다고 한다.

또 어느 여인은 성무일도를 할 때마다 서랍에서 특정한 초를 꺼내 선반 한가운데 그 초를 켜 둔다고 한다. 촛불이 켜지면 그곳이 예배당으로 변한다.

기도를 하지 못하게 되는 날이나 기도를 그만두고 싶은 마음이 들 때마다 나는 그 사람들의 기도 습관과 기도 장소들을 생각하면서 그들과 한 약속을 기억한다. 그들에게 신실하게 기도하겠다고 한 약속을 되새긴다.

교회는 무엇보다 살아 계신 하나님을 예배하는 곳이다. 처음으로 하나님을 만나고 그분이 어떤 분인지 알게 되는 곳이 교회다. 아울러 성도들을 알아갈 수 있는 최고의 장소도 교회일 것이다.

우리가 일주일에 한 번만이 아니라 날마다 기도와 예배를 드린다면 하나님을 알아가는 일이나 성도들을 알아가는 데 결코 손해가 날 것 같지는 않다.

내 친구 중 하나는 가끔 이런 말을 했다. "그래, 너는 하나님을 만나고 싶다 이거지. 정확하게 언제 어디서 하나님과의 만남이 이루어질까?"

하나님이 언제 당신을 만나 주실지 나는 알지 못한다. 심지어 하나님이 나를 만나 주실 때가 언제인지조차 모른다. 그러나 성무일도는 어차피 나를 위한 기도가 아니라 하나님을 위한 기도다. 우리가 일요일에 교회에 모여 주일 예배를 드릴 때마다 하나님의 임재가 강하게 느껴지고 새로운 은혜가 부어질지 예측할 수 없듯이 날마다 성무일도를 하는 중에 그런 일이 일어날지 확실하게 보장할 수 없다. 그렇다고 우리가 주일 예배를 빼먹지는 않는다.

성무일도를 하는 또 한 가지 이유를 대라면 성무일도를 통해 무엇을 얻느냐는 문제를 떠나 전통적으로 내려오던 기도가 가정, 이웃, 교구 그리고 도시에서 중단 없이 쉬지 않고 이어져 나가야 하기 때문이다.

그와 더불어 성무일도를 해야 하는 또 하나의 이유는 우리로 하여금 하나님의 임재를 의식하게 해주는 수단이기 때문이다.

위에 나열한 예들이 성무일도가 지닌 매력이다. 그러나 날마다 성실하게 기도할 때만이 그 매력적인 면모가 내 것이 될 수 있다. 기도할 시간을 정하고 성무일도를 드려라. 기도하기에 좋은 시간, 나쁜 시간이 따로 있지 않다. 당신의 형편에 따라 시간을 정하면 된다. "네가 한 시간도 나와 함께 깨어 있을 수 없더냐?"

성무일도를 하겠다면 장소도 정하라. 옛 성현들의 충고를 보나, 나 같은 부실한 성도의 경우를 보나, 어디에서 기도를 드릴 것인가는 중대한 문제임이 틀림없다. 기도하는 장소 자체가 실제로 중요하다기보다는 **우리가 가서 기도하는 장소이기 때문에** 중요하다는 말이다.

촛불, 의자, 앉거나 서는 특정한 자세, 울리는 종, 그 모두가 "여기에 오면 나는 이 방식대로 기도한다. 이곳은 성스러운 곳이다"라고 말하는 것이나 다름없다. 내게는 그것이 특별한 의미가 있다. 그렇다고 당신 집을 방문하는 사람의 눈에 유별나게 행동할 필요까지는 없다. 오히려 다른 사람의 눈에 안 보이는 은밀한 장소를 택하는 쪽이 "골방에 가서 기도하라"고 말씀하신 분께 좀더 후한 점수를 얻을 것 같다. 어떤 형태로든 당신이 지금 이 순간 기도를 하기 위해 이곳에 있다는 사실을 되새겨줄 수 있는 작은 무엇이 있다면 기도하는 데 도움이 된다.

당신은 정해진 시간에 기도를 드리기 위해서 언제나 그 장소에 올 수가 있을까? 분명 그럴 수 없을 것이다. 누구나 집을 나가서 밖에서 시간을 보내야 할 때가 있다. 하지만 제단이라고 할 수 있는 기도의 장소가 집에 있으면 성무일도를 드리는 습관을 기르는 데 도움이 된다.

친한 사람을 한 명 찾아서 그의 눈을 바라보며 함께 기도하자고, 심지어 떨어져 있어도 기도하자고 약속하라. 당신의 일기장에 그 사람의 이름을 적어 놓으라. 성무일도를 혼자서 하기는 정말 어렵다. 혼자 있을지라도 실제로는 혼자가 아니어야 도움이 된다. "이제부터 당신은 더 이상 혼자가 아닙니다"라고 로제 수사는 말했다. 기도할 때 다른 사람과 함께 기도하면 좋다. 기도 생활은 고독한 여정이다. 그러나 옛 성인들의 고백을 보면 당신 혼자 할 수도 없고 혼자 해서도 안 되는 여정이다.

기도 생활에 관한 모든 비결과 지혜를 열정적으로 토로하고 난 후에는 기도하라. 기도 생활의 비결은 뭐니 뭐니 해도 기도하는 것이다.

당신은 하나님을 만나기 원하는가? 정확하게 언제 어디서 하나님과의 만남이 이루어지겠는가?

나는 지금까지 한 이야기들이 얼마나 단순하고 당연한 이야기들인지 잘 안다. 나에게는 일하는 장소가 있고, 식사하는 장소가 있고, 신문을 읽는 장소가 있고, 텔레비전을 시청하는 장소가 있고, 잠을 자는 장소가 있다. 그리고 그 장소들에서 그런 일들을 해야 내 인생이 흘러간다는 것도 알고 있다. 그리고 그 장소들에서 그런 일들을 할 수 없게 만드는 것은 오로지 가족과, 친구와, 동료들과 약속이 있을 때 뿐이라는 것도 안다.

나는 또한 오늘이든 내일이든, 언젠가는 하나님이 나와 함께 있겠다고 선택하신 날이 올 거라는 사실도 의식하고 있다. 정해진 시간에 정해진 장소에서 기도를 드리는 것이 내게 아무런 해가 되지 않으리라는 사실도 알고 있다. 내가 어디에 있든지 하나님이 나를 찾아내시는 데에는 아무런 문제가 없겠지만 하나님 앞에 나아가고 싶을 때에 내가 특정한 장소에 간다고 해서 손해 볼 것 또한 전혀 없다.

9장
보이지 않는 진리

너희 중에 고난당하는 자가 있느냐? 그는 기도할 것이요 즐거워하는 자가 있느냐? 그는 찬송할지니라.

야고보 사도

주의 깊게 '전례'의 의미를 되새기라. 우리 모두 하나님 나라의 보이지 않는 진리를 보기 위해 노력하자.

떼제 규칙서

말은 무언가를 전하는 수단만이 아니라 그 자체가 무언가를 의미한다는 사실을 깨닫게 되었다. 각각의 말에는 고유한 색깔과 깊이와 촉감이 있어서 그 말을 듣거나 읽는 사람들의 내면에서 그 자체의 의미보다 훨씬 더 많은 것을 환기하는 힘이 있다.

프레드릭 뷰크너

나는 말과 글을 좋아한다. 언제나 그랬다. 처음으로 내 이름이 인쇄되어 있는 것을 본 것이 열세 살 때였는데 그 이후 나는 말과 글에 푹 빠져버렸다.

말과 글에는 사람을 울게 하고, 웃게 하고, 행동하게 하고, 쉼을 주는 능력이 있어서 좋다. 말과 글에는 언쟁을 해소하고, 소망을 기도로 이끌고, 한 순간을 뭔가 거룩한 것으로 만드는 힘이 있어서 좋다.

어쩌면 모든 것은 우리가 하는 말에서 시작해서 말로 끝난다는 생각도 해 본다. 적절한 말만 찾아내면 우리는 뭐든지 할 수 있으므로….

단 몇 마디의 말로 인사를 하거나, 친구를 사귀거나, 애인을 만들거나, 작별을 고할 수 있다. 단 몇 마디의 말로 자신의 입장을 고수하거나 상대와 화해할 수 있다. 단 몇 마디의 말로 누군가에게 상처를 주거나 혹은 상처 입은 사람을 치유할 수 있다. 작사를 하거나 편지를 쓰거나 책을 집필하거나 메모를 남길 수도 있다. 훌륭한 글들의 조합으로 자신 너머의 세계를 탐구할 수도 있고 자신 안에서 안식처를 발견할 수도 있다. 또한 성인들의 발자취를 따라가거나, 기도의 길을 걷는 법을 배우거나, 태초부터 하나님과 함께 계셨고 지금도 함께 계신, 말씀이신 그분께 나아가는 법을 배울 수 있다.

이상하게 들릴지 모르지만 날이면 날마다 종이 위에서 글과 씨름해 본 사람으로서 나는 내가 선택한 기도의 말로 하나님과 대화하는 것을 백 퍼센트 신뢰하지 않는다.

어떤 때에는 다른 사람의 말이나 글이 내것보다 훨씬 좋았다. 수세기 동안 하나님의 백성이 드린 기도와 예배 속에는 나 자신의 말보다 더 귀를 기울여야 하고 발견해야 할 무언가가 있었다. 내 생애에서 그 말이 특히 적중했던 시기들이 있었다.

집을 떠나 다른 곳에 가면 구루(원래는 힌두교의 도사나 교사를 일컫는 말이었으나 일반적으로 정신적, 혹은 신앙적인 지주를 뜻함—역주)의 역할을 떠맡을 때가 있다(나는 겉과 속이 다른 말을 하는 나 자신에게 구루라는 칭호를 붙여 준다). 주말에 내 강의를 들으러 오거나 내가 인도하는 수양회에서 내 강의를 듣던 사람들이 어느 순간에는 자신의 이야기를 내게 하고 있다. 내가 이야기해 달라고 부탁하지 않았는데도 아무튼 그들은 자신의 이야기를 나눈다.

그들은 내게 눈을 찡긋하거나 고개를 끄덕이며 만나자는 신호를 보내기도 하고, 오후 쉬는 시간에 내 방으로 와서 방문을 두드리기도 한다. 그것도 하필이면 내가 절묘하게 짬을 내서 낮잠을 좀 청하려고 할 때 문을 두드린다. 어떤 사람은 저녁 식사 시간에 내게 메모지 한 장을 주고 가기도 한다. 그래서 결국은 누군가와 어느 구석자리에 가서 앉거나 밖에 나가 걸으면서 그들의 이야기를 들어주게 된다. 그들은 항상 자신의 문제가 무엇이든 간에 그것을 통쾌하게 해결해 줄 위대한 지혜나 비법이 내게 있으리라고 생각한다(나는 구루니까, 당연하지 않은가?) 하지만 나는 늘 답변이 궁하고, 너무 부끄럽고, 얼굴이 화끈거린다. 옆에서 그들이 하는 말을 들어주는 일은 얼마든지 좋다. 두 번 다시 볼 것 같지 않은 사람에게 자기 이야기를 하는 것은 상대적으로 쉬운 법이니까. 나도 한두 번 그런 적이 있었다.

지금까지 살면서 나는 두 가지를 배웠다. 하나는 사람들과 앉아서 또는 걸으면서 대화를 할 때, 내가 유일하게 잘 하는 일은 오로지 듣는 것뿐이라는 사실이다. 그들이 말을 하는 중간에 내가 끼어들어 무슨 말을 하기가 부끄러웠기 때문이고 설령 말을 한다고 해도 어차피 도움이 안 되기는 마찬가지였을 테니까 그랬다. 입을 다물고 그냥 구루 행세를 하는 쪽이 입을 열었다가 얼간이였음이 탄로나는 쪽보다 백 배는 나았다.

하지만 중요한 것은 듣는 사람이 나라는 사실이 아니었다. 누가 들어도 마찬가지였다. 중요한 것은 이야기를 한다는 것, 고백을 한다는 것, 마음을 연다는 것, 그것이 곧 은혜가 들어올 수 있는 통로다.

내가 배운 또 한 가지 사실은 우리가 들고 다니는 무거운 짐들이 우리를 죽이고 있다는 것이었다. 누구에게도 말하지 않은, 아무에게도 고백하지 못한, 자신도 인정하기 싫은 그런 것들을 잔뜩 어깨 위에 짊어지고 산다는 것은 죽음이나 다름없는 일이었다. 그런 짐들은 우리의 육신, 감정 그리고 영혼을 죽이고 있다. 아주 조용히, 그러면서도 확실하게….

스스로 그리스도인이라고 하는 우리에게는 하나님의 영광에 미치지 못하는 죄인의 대열에 자신도 끼어있다는 사실을 인정할 수밖에 없는 순간들이 찾아온다. 빨리 깨닫느냐, 늦게 깨닫느냐의 차이는 있어도 그런 순간은 반드시 찾아온다.

그런 다음에는 또 하나의 순간이 찾아오는데 자신의 죄를 고백하기 위해 노력하면서 용서를 구하고 그로 인해 새로운 삶의 문이 열리기 시작하는 순간이다. 그런 다음에는 생애 처음 주님의 용서로 인해 죄가 없어지고 깨끗해지는 순간이 다가온다. 그것은 옛 찬송에도 있듯이 우리의 죄가 "깊은 바다 속에 묻혔기" 때문이다.

내게도 같은 일이 일어났다. 지금도 생생히 기억한다. 아마 이 글을 읽는 독자들도 자신의 삶에서 그런 순간들을 기억해 낼 수 있을 것이다. 원한다면 외출하기 싫을 정도로 머리 모양이 끔찍했던 순간도 기억이 날 것이다. 나는 기억하고 싶지 않지만.

여기저기 다니면서 그 순간이 어떠했는지, 어디에서 그런 일이 일어났는지를 간증하는 일은 어렵지 않다. '구원받았다'라든가, '거듭났다'라든가, 존 웨슬리가 말하듯 마음이 '이상하게 뜨거워졌다'라는 표현을 섞어가면서 말이다. 엠마오 도상에서 일어난 일이라든가 다메섹 도상에서 일어난 일, 전문 용어로 말하자면 **회심의 순간**이 머릿속에 떠오른다. 정확한 용어로 무엇이라 부르든 그건 중요치 않다. 그 순간을 기억하는 일이 중요하다. 자신이 용서받았음을 깨닫는 바로 그 순간을 기억해야 한다.

죄를 용서받고 하나님께 속한 새 생명을 얻은 다음에는 자리에서 일어나 주님을 사랑하며 섬기기 시작한다. 그때부터 우리는 진정한 복음의 삶을 살게 된다.

내 주장을 뒷받침할 만한 연구 자료는 없지만 우리 죄인들 중 일부는 용서를 받은 그 다음 날 해가 지기도 전에 또다시 죄를 짓는다고 나는 확신한다. 우리 어깨에 짊어지고 다니는 작은 자루에 새로운 죄를 집어넣는다(물론 이는 은유적인 표현이다). 며칠, 혹은 몇 주가 지나도 우리는 잘 알고 있는 죄들을 자루 속에 넣어가지고 다니면서도 누구에게도 그것이 죄라는 사실을 인정하기 싫어한다. 얼마 전에 모든 죄를 용서받았으므로…. 많은 사람들 앞에서 큰 죄를 해결했고 하나님이 우리의 죄를 영원히 지워 버리셨으니까. 적어도 우리는 그렇게 들었고 그 사실을 믿는데, 이제 와서 어깨 위의 조그만 자루가 뭐 그리 대단하겠는가?

따라서 우리는 남들도 다 하는 일, 즉 죄가 없는 척한다. 그동안의 모든 죄들이 용서를 받았으니 지금 짊어지고 다니는 죄들도 용서받은 척하는 것이다.

이것이 당신에게 해당하지 않는 이야기라면 당신은 복 받은 사람이다. 당신이 어디에서 성장했는지는 모르지만 분명 미국 남부는 아닐 것이다. 아마 복음주의 교회 쪽도 아닐 것이다. 다른 사람은 모르는 아주 특별한 방식으로 온전하게 성숙한 당신은 우리 가운데 특별하게 왕림했을 것이다. 죄가 없는 척 한다는 말이 당신에게 무척 생소한 말이라면 그저 잠시만 우리 같은 죄인들을 참아주기 바란다. 아니, 우리를 위해 기도해 주기 바란다. 우리 죄인들은 죄 없는 분들의 기도가 절실히 필요하다.

나는 어느 누구에게도 신학적 결정타를 날리고 싶지 않다. 당신이 우리가 교회라고 부르는 곳에서 신학적으로 어디에 있더라도 내가 성장한 교회에서는 분명히 우리의 죄가 영단번에 용서함을 받았다고 가르쳤다.

그 말을 완전히 이해하지는 못하지만 나는 그것이 사실이라고 믿는다. 또한 내가 이제는 하나님께 영원히 속한 사람임도 의심하지 않는다.

하지만 내가 믿는 것은 그 외에 또 있다. 나는 여전히 죄인이고, 하나님의 영광에 이르지 못하며, 때로는 내가 짊어지고 다니는 짐의 무게를 감당할 수 없다는 사실도 믿는다. '한 번 구원받았으면 영원히 구원받은 것이다'라는 말은 '한 번 구원받았으면 영원히 죄가 없는 것이다'라는 말과 동의어가 아니다.

사도 요한은 말하길 우리가 자신의 죄를 고백하면 하나님이 우리의 죄를 용서하고 깨끗하게 하실 것이라고 했다. 그렇다는 말은 고백하지 않으면 죄를 용서받지 못한다는 말이다. 죄를 고백하지 않으면 그 죄들은 깨끗하게 되지 못할 것이다. 한 번 죄를 고백했고 그것으로 모든 게 끝났으니 더 이상은 날마다 짓는 죄를 의식할 필요가 없다고 생각한다면 내 마음과 생각 속에서 짊어지고 다니는 그 자루 역시 비어 있는 척을 해야 한다. (우리가 날마다 짓는 죄란 '하나님의 영광'이라는 범주에 도달하지 못하는 것들을 말하며 나 역시 그 범주에서 천리만리 떨어져 있는 인간임을 밝히는 바다).

설령 내 죄를 자백하고 용서를 구했다고 해도 잘못을 바로잡고 삶의 태도를 바꾸는 것은 여전히 나의 책임이다. 새 생명에 걸맞는 삶을 살기 위해 어떻게 해야 하는지를 스스로 배워야 한다. 누군가에게 피해를 입혔다면 응당 보상도 해주어야 한다. 제단에 바칠 제물을 그 자리에 놓고 되돌아가 먼저 다툰 형제 자매와 화해해야 한다. 죄에서 돌이켜야 하고, 방향을 바꾸어야 하고, 그런 문제를 다룰 때 듣게 되는 충고대로 이행해야 한다. 아울러 안 그런 척 가장하는 위선적인 태도를 버려야 한다.

고백하지 않은 죄가 눈덩이처럼 불어나기 전에 방향을 바꾸는 것이 더 수월하다. 죄를 고백한 후에는 자신감과 확신이 생긴다는 사실도 나는 경험을 통해 배웠다. "용서는 구원의 기쁨을 회복합니다. 하지만 먼저 용서를 구해야 합니다"라고 로제 수사는 말했다.

당신이 나를 다그친다면 나는 어느 누구에게도 나 자신이 여전히 죄인이라는 사실을 인정하지 않을 것이다. 적어도 지금은 아니다. 지금은 구루가 되어 다른 지역으로 가고 있는 중이니까.

성무일도의 오래된 기도들은 날마다 내 죄를 고백할 수 있는 소중한 선물을 선사한다. 그렇지 않다면 나의 주체할 수 없는 죄성으로 어떻게 하나님의 영광에 이를 수 있겠는가? 아마도 어떤 사람들은 죄 고백의 필요성을 날마다 상기시켜 줄 필요가 없을지 모르겠지만 나는 필요하다.

내가 아는 사람 중에 이혼한 사람이 있다. 사실 몇 명의 지인들이 이혼을 했고 나도 수년 전에 아내와 결별했다. 또한 꽤 많은 사람들이 나처럼 우울증을 앓았다. 그래서 그런지 나는 이혼과 우울증을 겪는 사람들에게 마음이 끌린다. 아마도 "홀아비 사정은 홀아비가 안다"는 우주의 진리가 작용해서인지도 모르겠다.

식당이나 공원에 가게 되면 언제나 아이를 데리고 나온 남자들이 내 눈에 들어온다. 그들은 2주에 한 번씩 돌아오는 '모처럼 아빠와 함께하는' 시간을 보내는 듯했다. 그들은 엄마가 집에서 기다리고 있는 아빠와 아이들과 달랐다. 뭐라고 정확히 설명할 수는 없지만 어쨌든 나는 그 차이를 감지해 낼 수 있다. 어느 집의 저녁 파티에 초대받으면 나는 우울증에 시달리는 사람을 금방 알아본다. 그들의 눈을 보면 알 수 있다. 아마 그들도 내 눈을 보고 알 수 있으리라. 선술집 주인이나 죄인이라야 그런 것을 알아채는지는 잘 모르겠지만 그것도 하나의 은사임은 분명하다.

내 친구 한 명은 자신의 전처를 오랫동안 미워했다고 한다. 그 친구가 특별히 증오심이 많아서도 아니었고 미워하는 일이 즐거워서도 아니었지만 어쨌든 전처가 미웠다고 그는 내게 말했다. 나는 친구의 전처를 안다. 그 부부가 처음 만났을 때부터 잘 아는 사이였다. 기도에 관한 글을 쓰면서 이런 말을 하기는 뭐하지만 나는 내 친구를 비난할 마음이 없다. 그 여자는 이 세상 어떤 남자건 좋아하기가 무척이나 어려운 사람이다.

내 이야기가 아니라 친구 이야기이기 때문에 그들 사이에 오고간 수많은 일들을 이 책에 자세히 털어놓을 수는 없다. 아니, 사실은 털어놓지 않는 편이 더 나을지 모른다. 들어서 기분 좋은 일도 아니고 말해서 기분 좋은 일은 더더욱 아니다. 그들의 이야기는 토크쇼에서 시시덕거리며 말할 내용이 아니다. 어떤 이야기는 너무도 어이없고 기가 막혀서 독자가 그 사실을 안다면 내가 말한 이외에 다른 결론은 내릴 수 없을 것이라고 확신한다.

나는 가끔 그와 만나서 '모처럼 아빠와 함께하는' 시간과 전처에 관한 이야기를 나누었다. 당시에는 앞으로 남은 우리들의 삶에 대해서도 많은 이야기를 했었다. 우리 둘 다 하나님과의 지속적인 친교를 갈구하면서 본격적인 기도 생활에 돌입하려던 시점이었다.

멀리 올수록 지나온 곳을 더 많이 생각한다지만 나는 우리가 깨닫기 훨씬 전부터 하나님을 향한 여정을 시작하며, 우리가 아는 것보다 훨씬 더 친밀한 교제를 그분과 나누고 있음을 점점 확신하게 되었다. 그동안 우리 삶에 하나님이 함께하시지 않았을 확률보다 우리 삶에 하나님이 함께하셨는데도 우리가 미처 깨닫지 못했을 확률이 훨씬 더 높다.

어쨌든 전처를 향해 아무런 연민이나 정을 느끼지 못한다는 사실이 그 당시 우리 두 사람에게 있는 공통적인 딜레마였다. 내가 '미움'이라는 단어 대신 '연민이나 정을 느끼지 못했다'는 말로 표현을 바꾼 데는 그만한 이유가 있다. 나 자신도 그 안에 포함되기 때문이다. 부디 독자들이 나를 좋게 봐 주었으면 한다. 그러리라 믿으면서도 왠지 마음 한구석이 무겁다.

그 친구는 날마다 성무일도를 드렸고 아침기도를 드릴 때마다 기도 목록에 적어 놓은 사람들을 위해 청원기도를 드렸다. "주님이 그에게 맡기셨고, 자신 또한 그들에게 맡겨진 바 된 사람들을 위해" 기도하는 청원기도의 순간이 되면 그는 자신이 기도하는 사람들을 위해 많은 기도를 드리지는 않았다. 그저 이름을 부르고 얼굴을 머릿속에 떠올린 다음 "우리가 간구하는 것 이상으로 그에게 역사해 주실 것을 믿습니다"라는 기도만을 되풀이했다. 물론 기도 목록에는 자녀들도 있고 형제들도 있고 재혼한 지금의 아내도 있었다. 내 생각에 나도 그 기도 목록에 있었으리라. 하지만 무슨 대답이 나올지 겁이 나서 대놓고 물어본 적은 없다.

어느 날 그 친구는 자신의 전처도 그 목록에 포함하기로 결심했단다. 그 전에는 한 번도 전처를 위해 기도한 적이 없었다고 한다. 그냥 전처의 이름만 다른 사람들 이름 중간에 넣은 것뿐이다. 아마도 그 이상 길게 기도하기는 힘들었을 것이다.

얼마 동안인지 정확히 기억은 나지 않지만, 몇 년이 지나자 어느 날 아침, 친구는 더 이상 자신이 전처를 미워하지 않는다는 사실을 깨달았다고 했다. 물론 오랫동안 기도해 주던 사람을 미워하기는 힘든 일일 것이다. 지금도 두 사람의 사이가 아주 좋은 것은 아니지만 어쨌든 전처에 대한 미움과 증오는 사라졌다고 한다.

나는 그가 성무일도 시간에 어떤 기도를 드렸는지 안다. 기도 순서에 따라 어떤 말을 낭송했는지도 안다. 열다섯 개 정도 문장들을 매일 똑같이 되풀이하면서 그는 조금씩 변화되었다. 그것이 바로 성무일도를 하는 목적 가운데 하나다.

어떤 사람들은 빨리 변화되고 어떤 사람들은 좀 천천히 변화된다. 어떤 사람들은 변화된 척 할지도 모른다. 어쨌든 과거로부터 내려오는 전통적인 기도를 드리지 않았다면 내 친구는 변화되지 못했을 것이다.

몇 년 전 한 친구가 죽음이 임박한 지인을 뵈러 병원을 찾았다. 그는 맥이라는 분인데 아주 대단한 사람이었다. 우리 도시에서 근 30년 넘게 음반 제작에 몸담았을 뿐 아니라 내쉬빌에서 기독교 음반 산업이 시작되던 초기에 관여했으며 우리 도시에서 사업을 하는 사람이라면 모르는 사람이 없을 정도로 막대한 영향력이 있는 인물이었다.

당시 맥은 수술을 이틀 앞두고 있었는데 수술을 받아도 완치될 가능성은 매우 희박했다. 수술로 병이 낫기보다는 수술대 위에서 죽을 가능성이 훨씬 더 높았다.

그런 상황이었기 때문에 그와 친분이 있는 사람들은 모두 그를 만나러 병원을 찾았다. 그래도 맥의 모습은 여느 때와 다름없었다. 내가 만났을 때는 침대에서 몸을 일으켜 지난 수십 년간 그랬던 것처럼 기도를 드리고 있었다. 그곳에서 영원한 잠을 준비하는 사람이 아닌 마치 처음으로 성무일도를 하는 사람처럼 보였다.

내 친구가 맥을 방문했을 때 병실에는 이미 십여 명의 사람들이 병문안을 와 있었다. 모두 즐겁게 웃고 떠들면서 이런저런 이야기를 나누고 있었다. 누구라도 맥의 곁에 있으면 안 그럴 수가 없었다. 얼마 후면 찾아올 죽음의 그림자가 짙게 드리워졌더라도 누구 하나 신경쓰지 않았을 것이라고 친구는 말했다.

사람들이 병실을 나가기 전에 맥은 내 친구에게 기도를 부탁했다. 맥이 다니는 교회에서는 누군가에게 기도를 부탁할 때 미리 준비한 기도문을 읽지 않고 간단한 설교 형식의 기도를 기대했다.

수줍음 많은 내 친구는 죽음을 앞둔 사람 앞에서 졸지에 간단한 설교 형식의 기도를 해야 하는 처지가 되었다. 자신의 멘토와도 같았던 사람은 살 날이 얼마 남지 않았고 어쩌면 그 때가 맥을 볼 수 있는 마지막 순간일지도 몰랐다. 자신이 드리는 기도가 맥의 생애에 마지막 기도가 될지도 모르는 순간이었다. 이윽고 그 병실에 있던 모든 사람들이 고개를 숙였고 화기애애하면서도 무거운 분위기가 흐르는 가운데 내 친구는 무슨 기도를 해야 할지 모른 채 입을 열었다.

그때 그의 입에서 나온 첫마디는 "전능하신 하나님, 당신의 종인 우리는 당신이 우리에게 허락하신 모든 선물과 당신이 만드신 모든 것에 깊이 감사를 드립니다"였다.

친구가 그런 기도를 했다는 소리를 듣고는 빙그레 미소를 지었다. 나도 그 기도를 잘 알고 있었다. 친구는 계속해서 천천히 기도를 드렸는데 기도를 하면 할수록 그의 가슴은 슬픔으로 미어질 것 같았다.

"천지를 창조하시고 우리에게 생명을 주신 하나님께 찬미를 드립니다. 무엇보다 주 예수 그리스도를 이 세상에 보내셔서 우리를 구원해 주신 당신의 무한한 사랑과 은혜와 영광의 소망에 감사드립니다. 오늘은 특히 우리가 사랑하는 맥을 위해 기도합니다. 그의 삶과 사랑과 신앙과 행한 일들에 대해 감사드립니다. 우리가 하나님의 자비와 은혜를 깨닫고 진정으로 드리는 감사를 받아주시고 우리의 입술로만 아니라 마음으로 당신을 찬미하게 하소서. 하나님 앞에서 평생토록 거룩함과 의로움으로 살며 당신만을 섬기게 하소서."

친구가 기도를 하는 동안 병실은 쥐죽은 듯 조용해졌고 사람들의 눈에 눈물이 고이기 시작했다. 사람들은 심지어 기도 중간에 '아멘'이라는 소리조차 내지 못했다. 친구는 한 발짝 더 용기를 내어 성부와 성자와 성령의 이름으로 기도를 마무리했다. 그리고는 성무일도서에 나오는 기도를 모두 외웠다는 사실에 감사하는 마음까지 담아 '아멘'을 두 번이나 되풀이했다.

나는 그 이야기를 나중에 맥에게서 또 한 번 들었다. 물론 맥이 그 다음 날 세상을 떠나지 않았기 때문이다. 실제로 맥은 그 후 몇 년을 더 살다가 우리 곁을 떠났다. 그는 사는 동안도 그랬지만 마지막 순간까지도 대단한 사람이었다.

"아…정말 감동적인 기도였어! 그 친구, 기도 잘 하더구만!" 맥은 특유의 쾌활한 음성으로 그렇게 말했다.

사실 나는 친구가 성무일도의 아침기도에 나오는 '일반적인 감사기도'를 그대로 외운 것일 뿐이라고 폭로하고 싶지 않았다.

어떤 사람들은 맥이 죽지 않았으면 좋겠다고 하나님께 기도했다. 내 친구는 하나님이 그들의 마음을 이미 알고 계셨을 거라고 생각했다. 그래도 맥이 죽지 않아서 감사한 마음을 하나님께 꼭 전해드리고 싶었다고 한다.

죽음을 앞둔 사람 앞에서 미어지는 심정으로 어떻게 기도해야 할지 알지 못했을 때 평소에 외운 기도문이 친구의 머릿속에 떠올랐다. 성무일도를 하다 보면 그런 일이 일어난다.

몇 주 전 내가 아는 브렌다라는 여성이 갑자기 세상을 떠났다는 슬픈 소식을 들었다. 가족들조차 예상하지 못했을 정도로 그녀의 죽음은 느닷없이 찾아왔다. 독감에 걸려 며칠간 자리에 누워 앓더니 한밤중에 상태가 심상치 않아 가족들이 그녀를 응급실로 옮긴 지 불과 몇 시간 만에 세상을 떠난 것이다.

사실 나는 그 부인을 잘 알지 못했다. 단 한 번 만났을 뿐이다. 그분은 딸아이 단짝 친구의 어머니였다. 딸은 그 친구를 어느 해 여름 수양회에서 알게 되었는데 그 후 10년이 넘게 단짝 친구로 지냈다. 딸이 녹스빌에 있는 대학에 들어갔을 때 녹스빌에 살고 있던 브렌다 씨의 가정에서 여름 동안 묵으며 학업과 일을 병행했던 적도 있었다. 말하자면 그분은 딸아이의 수양어머니와 다름없는 분이었다. 브렌다 부인이 세상을 떠난 후에 딸은 병원으로 달려가서 밤을 새우며 온갖 궂은 일을 도맡아 했다.

며칠이 지나 우리 식구는 차를 몰고 테네시 동부로 가서 그분의 장례식에 참석했다. 내가 아는 사람이라고는 딸의 단짝 친구와 오래 전 수양회에서 만났던 딸 친구들 두어 명뿐이었다. 우리 식구는 그저 딸아이의 수양어머니와 다름없던 분의 가족들과 슬픔을 함께 나누며 위로하고 싶은 마음에 장례식에 참석했다.

우리는 모두 어느 작은 교회에 모여 돌아가신 분과 마지막 작별 인사를 했다. 절차나 조사나 풍경이나 모두 여느 장례식과 다를 바 없었다. 아름다운 찬양도 있었고 약간 서툰 찬양도 있었다. 신부가 나와서 설교도 했다. 그 끔찍한 상황 속에서 무엇으로도 위로받지 못할 브렌다 씨의 가족이었고 신부도 그 사실을 알고 있었지만 그래도 한 마디 위로의 말을 찾기 위해 신부는 애를 쓰고 있었다. 그 해 6월에 그곳으로 부임한 신부는 몇 개월밖에는 보지 못한 한 여인의 삶을 칭송하며 설교를 했다.

교회에는 어울리지 않게 사람들이 소란하게 떠들고 교회에 다니지 않는 사람들이 결혼식이나 장례식 때문에 교회에 왔을 때 으레 그러는 것처럼 어수선한 분위기를 연출하고 있었다. 성찬을 하는 동안 강대상 앞에서는 혼선이 빚어졌다. 교회에서 예배를 드려 본 적이 없는 사람들이 성찬을 하는 동안 어디로 가야 하고, 어디에 서야 하고, 언제 무릎을 꿇어야 하는

지 몰라 벌어진 일이었다.

나는 장례식에서 벌어지고 있는 그 모든 일들과 사람들의 모습을 눈여겨 보았다.(나만 그랬던가?) 나는 미소를 지었다. 장례를 치르기 위해 사람들이 모인 날, 입가에 미소를 머금게 하는 소소한 일들이 곧 하나님의 은혜라고 생각한다. 특히 브렌다 부인의 갑작스런 죽음으로 모든 사람들이 눈물을 흘리며 슬퍼하고 있는 상황을 감안한다면 그것은 하나님의 은혜라고 생각하지 않을 수 없다. 신부가 전하는 어떤 말도 사람들의 슬픔을 잠재울 수는 없었다.

그러던 중에 갑자기 내 귀가 번쩍 뜨였다. 의식 중에 흘러나오는 기도문들이 내 귀를 사로잡았기 때문이다. 그 순간, 수천 년 동안 동일한 의식에서 동일한 순간에 신실한 성도들이 경건하고도 정성스럽게 읊었던 감동적인 기도문의 힘에 나는 다시금 압도당하고 말았다.

"이제 브렌다 씨가 우리의 곁을 떠나 주님의 품으로 갔습니다. 그분을 당신의 자비로운 품에 안아 주시고 영원한 안식으로 축복하시며 성도들의 영광스런 모임에 참여하게 하소서. 기쁨과 빛의 땅에 브렌다 씨를 들어가게 하시고 당신의 곁에서 찬미하게 하소서." 어떤 사람들은 이것을 장례식에서 의례적으로 드리는 케케묵은 기도라고 말한다.

하지만 내게 5백 년이나 혹은 그 이상의 시간을 준다고 한들 그보다 더 멋진 기도문을 만들어 낼 자신이 없다. 얼마나 아름다운 기도인가! 내가 믿는 세계의 보이지 않는 진리를 되새기는 기도가 아닌가!

글로 먹고사는 사람으로서 나는 원본에 적혀 있는 원문의 표현을 선호

한다. 그러나 원본이 내가 찾고 있는 모든 것을 드러내 줄 것이라고 기대하지는 않는다.

"하나님 나라의 보이지 않는 실체"는 이전보다 더 명백해졌다. 그래도 여전히 검게 그을린 유리를 통해 보는 것 같지만 가끔 그 실체의 일부가 고대의 기도문을 통해 찬란하게 비쳐오는 때가 있다.

대부분 그 실체는 내가 직접 말로 표현할 수 없는 것들을 통해서 비춰 오는 빛이다. 내가 짊어진 죄악, 내게 있는 미움과 분노의 감정, 죽음 앞에서 느끼는 막연한 두려움과 불안 같은 것들 말이다.

성무일도는 그저 말을 모아 놓은 책에 불과하다. 그러나 말의 힘은 강력하다. 말 한마디로 천냥 빚을 갚을 수 있다지 않는가?

태초에 말씀이 계셨다. 그리고 그 한마디 말로 인해 지금의 모든 것이 존재했다. 나와 당신, 보이는 것과 보이지 않는 것, 생명이 있는 모든 것이 그 한마디로 인해 생겨났다. 그 한마디로 인해 은혜 위에 은혜가 더해졌다. 말은 강력한 것이다.

성무일도는 나를 변화시키고 나를 새롭게 할 수 있는 강력하고도 심오한 말을 내게 제공해 준다. 수천 년에 걸쳐 나와 당신에게 선물로 주어진 말, 나도 어쩌지 못하는 마음속의 신음을 잠재울 수 있는 말, 하나님의 역사와 그 의미를 보고 깨닫게 하는 말, 하나님과 더 깊은 친교의 장으로 나아가게 만드는 말, 그러나 실제로 말하지 않는다면 아무 소용도 없는 말⋯.

10장
위대한 기도의 강

너희가 이것을 알고 이미 있는 진리에 서 있으나 내가 항상 너희에게 생각나게 하려 하노라.

사도 베드로

무엇보다 주위의 형제들을 배려할 줄 알아야 한다.

떼제 규칙서

가치관이 완전히 비뚤어진 작금의 상황은 너무도 심각해서, 단 한 사람이라도 사랑과 믿음 안에서 자유의지로 하나님께 한걸음 나아갈 때가 내게는 가장 고귀한 순간으로 느껴진다. 세상 모든 것, 즉 인류의 역사가 바로 그 자유의지에 달려 있다.

토머스 머튼

내 인생의 어느 시기 동안은 성탄절이 일 년에 한 번밖에 없다는 사실이 성탄절에 관해 유일하게 좋은 소식이었다. 전에는 높은 곳에서 호산나를 외칠 때마다 두 개의 박하사탕을 얻어 먹은 적이 있었다. 하지만 결혼을 해서 한 가정의 가장이 되고 나니 20세기 미국의 성탄절 무게가 내 어깨를 짓누르기 시작했다. 추수감사절 다음부터 성탄절까지 나는 마치 짐을 한가득 싣고 집으로 돌아오는 미니밴 같았다.

적어도 나의 경우는 사람들에게 줄 선물들을 장만하는 일이 무엇보다 고민스러웠다. 지금도 본격적으로 선물을 준비해야 하는 11월이 다가오면 한숨부터 나온다. 내 목록에 적혀 있는 사람들에게 딱 맞는 선물을 고르지 못할 거라는 불안감이 늘 나를 엄습한다. 해마다 그들은 멋진 선물을 주어 고맙다고 내게 인사를 한다. 하지만 내가 사 준 물건이 그대로 상자에 담긴 채 침대 밑에 있는 것을 이듬해 3월에 발견했을 때의 난감함이란.

또 한 가지 걱정거리는 사람들에게 좋은 선물을 사 주고 싶은 마음만큼 호주머니 사정이 여의치 않다는 것이다. 보통 11월에는 거래 은행에서 통지가 온다. NSF(잔액이 충분치 않다는 뜻-역주)라는 통지는 "여보게, 너무 쓰지 마"(Not so fast)의 약자로 보인다.

10장 위대한 기도의 강

이제 더 이상 내가 낳은 자식들과 한 집에 살고 있지 않다는 현실도 성탄절의 압박감을 조금 더 높여 주는 요인이다. 발단은 '이혼'이다. 혹시 주위에서 이혼을 하거나 직접, 간접으로 이혼을 경험한 사람이라면 성탄절이 얼마나 힘든 시기인가를 절감했으리라. 부모와 자녀가 한지붕 아래 살고 있지 않을 때, 우리 막내가 말하듯 부모 노릇이 한 구역에 집중되어 있지 못할 때 성탄절은 고역이 된다.

이혼을 한 후 처음으로 맞이한 성탄절 이브는 나 혼자서 지냈다. 60킬로미터 떨어진 친구의 농장으로 가서 들판에 모닥불을 피우고 그 옆에 앉아 있었다. 밤새도록 불 옆에 앉아서 정말로 '세상의 빛'이신 분이 세상에 내려오셨는지, 그 사실이 어떤 의미가 있는지를 곰곰이 생각했다. 옆에서 소들의 울음소리가 들리자 조금씩 불안해지기 시작했다. 나는 고양이보다 몸집이 큰 동물은 무조건 무서워한다. 어디서든 고양이 두서너 마리가 모여 있는 것만 봐도 공연히 겁이 나곤 한다.

성탄절 이브에 혼자 모닥불 곁에서 밤을 지새웠다고 해서 나를 동정할 필요까지는 없다. 아마 독자들 중 상당수는 그날 아이들의 세발자전거를 밀어 주거나, 십대 자녀의 전기 장난감을 충전해 주거나, 한 번도 입지 않은 셔츠와 바지를 포장하고 있었을테니까. 차라리 농장에서 혼자 보낸 그날 밤이 어떤 사람들보다는 더 나았을 것이라고 생각한다. 지금은 그때가 성탄의 좋은 추억으로 남아있다.

이듬해 성탄절 이브에는 어느 오래된 교회의 예배당에 앉아 있었다. 당시만 해도 그곳은 연합감리교회 역사상 가장 가톨릭스러운 교회로 통했다. 엄숙한 검은색의 제복들, 웅장한 성가, 성공회 모태신자들마저 편안하게 여길 만한 예배 의식들이 예배당 안에 차고 넘쳤다. 모태신자인 나는 그곳을 바티칸으로 착각할 지경이었다.

성탄절 전야 예배를 드리는 중에 흥미로운 일이 일어났다. 그날의 순서와 절차가 하나씩 마무리되고 예배가 거의 끝나갈 무렵이었다. 마지막 찬송가를 부르고 성탄의 성경 구절을 읽고 성찬을 드렸다. 이제 기도와 축도와 초에 불을 붙이는 일만 남아 있었다. 예배당에 들어올 때 안내위원들이 모든 성도들에게 초 한 자루씩을 나누어 주었다. 이제는 "기쁘다 구주 오셨네"를 부르고 각자 자기 집으로 돌아가면 그만이었다. 그때 예배당 뒤에서 검은 제복을 입고 서 있던 사람들이 예배당 안으로 걸어 들어오더니 조용하게 기대감을 갖고 서 있는 성도들에게 다가가서 각 줄의 첫 번째 사람의 초에 불을 붙여 주었다. 초에 불이 붙은 사람들은 그 촛불을 옆에 서 있는 사람들에게로 계속해서 옮겨 주었다.

그러자 검은 제복을 입은 사람들 두어 명이 제단 앞 탁자에 있는 물건들을 옮겼고 강림절 보라색 제의를 제치고 빛이 세상에 오심을 공포하는 금색과 흰색의 제복들이 나타났다. 목회자들과 예배위원들은 보라색 영대(제복 위에 걸치는 목도리—역주)를 벗고 흰색 영대를 제복 위에 걸쳤다. 그들이 영대를 바꾸는 동안 목사는 성서대에 있는 거룩한 성경을 높이 치켜들었다. 그렇게 하나씩 제복이 바뀌고 영대가 바뀌고 촛불이 켜지고 사람들의 얼굴에 미소가 번져가면서 어두웠던 예배당이 빛으로 가득 찼다. 그것은 빛을 들어 올려서가 아니었다. 빛을 들어 올리기에 예배당은 너무도 비

10장 위대한 기도의 강

좁았다. 빛 자체가 들린 것이었다. 나는 바티칸 문턱에도 가 보지 못한 사람이지만 그 순간만큼은 내가 천국에라도 들어가 있는 것만 같았다.

어느 해 성탄절 이브에는 지금 내가 다니고 있는 교회의 목사가 세상의 빛이 오심을 기념하여 설교를 했는데 원래 그 말을 하려는 의도는 아니었지만 어쩌다보니 그날 밤에는 성탄절 예배에서 제복을 바꾸어 입는 이유에 대해 설명하게 되었다. 그의 말을 여기에 옮겨 보겠다(사실 내가 좀더 멋지게 표현해 보았다).

"몇 시간 전, 그러니까 우리가 이 밤에 이 예배당에 모이기 훨씬 전에 지구의 반대편에서는 사람들이 모여서 찬양을 드리고 성탄 이야기를 하고 기도와 감사를 드리고 성찬을 나누었습니다. 모두 이 세상에 빛으로 오신 분을 기리기 위한 것이지요. 자, 이제는 우리 차례입니다.

지구의 반대편에서 주님이 오심을 알린 그 위대한 선포는 그들의 선조들이 앞서 행했으며 성탄절 전야에 어둠을 뚫고서 마을과 마을, 도시와 도시, 나라와 나라에 울려 퍼졌고 산과 바다와 들판과 숲을 가로질러 한 세대에서 다음 세대로 이어져 내려왔습니다. 자, 이제는 우리 차례입니다. 우리가 빛의 오심을 선포하며 성탄의 노래가 계속해서 울려 퍼지고 성탄의 이야기가 계속해서 전해지도록 해야 합니다."

솔직히 말하면 그 목사가 한 말이 내가 여기에 옮긴 말보다 훨씬 더 멋졌던 것 같다. 어쨌든 내가 들은 내용은 그렇다. 지금도 그 밤에 들은 설교를 사람들에게 하려면 속삭이는 정도밖에 목소리를 높이지 못하겠다. 그날 내가 들은 설교의 일부는 빛이 이 세상에 오심을 선포하는 것과 관련한 이야기다. 또 일부는 우리가 예배를 위해 모일 때마다, 그리고 함께 성찬을 드릴 때마다 어떤 일이 일어나는가와 관련한 이야기다. 마지막으로 설교의 어떤 부분은 쉬지 않고 기도해야 하는 부르심에 대한 나의 관점을 바꿔 놓았다.

수도원이 생겨나던 초기에 사막을 건너 유럽에까지 많은 수도원들이 세워졌는데 대체로 서로 접근이 가능하도록 가까운 거리에 수도원을 지었다.

그 이유 중 하나는 한 수도원에서 기도를 끝내는 시간에 다른 수도원에서 기도를 시작하기 위함이었다. 즉 하루를 거룩하게 하는 기도가 도중에 중단되는 일이 없도록 하기 위해서였다. 이 세상을 만드신 하나님께 단 한 순간도 예배와 찬양이 끊어지지 않게 하려는 목적이었다.

수천 년 동안 야웨를 섬겼던 하나님의 백성들, 아브라함의 자손이자 메시아를 고대했던 이스라엘 사람들은 오늘날 우리에게 전해진 것과 별 차이 없는 성무일도를 날마다 하나님께 드리며 찬미와 기도의 제사를 드렸다. 그 후 최초의 그리스도인이 생겨났다. 혈통적으로 유대인인 그들은 야웨를 섬겼던 신실한 조상에게서 성무일도의 유산을 물려받았다. 그들의 야웨 하나님은 메시아를 이 땅에 보내 주셨으므로 그분은 이제 전보다 더 많은 예배와 찬양을 받기에 합당하신 분이다.

그리고 얼마 후, 유대 그리스도인들에게서 경건의 삶을 배운 이방의 그리스도인들이 그들의 기도 생활을 본받아 성무일도를 하기 시작했다. 그 후에는 사막의 성자와 성녀들이, 이어서 중세 교회의 성도들이, 또 후에는 종교개혁 이후의 성도들이 모두가 성무일도의 성실한 전수자가 되었다. 그들 모두 수세기에 걸쳐 도도하게 흘러내리는 위대한 기도의 강을 형성했고 이름 없는 성도들이 드린 위대한 기도의 강이 교회를 지탱했다.

6천 년 동안 신실한 하나님의 백성들은 "주여 우리 입술을 열어 주소서"라는 기도로 하루를 시작했다. 찬미의 송가를 불렀고 시편을 낭송했다. 함께 모여 서로를 위해, 마을을 위해, 그리고 전 세계를 위해 기도했다. 수백 년간 그렇게 모인 기도문들이 지금 우리에게까지 전해 내려왔다. 그들은 청원기도와 중보기도를 드렸고 자신의 죄를 참회했으며 찬미가를 불렀다.

이제는 우리 차례다. 수천 년간 야웨의 백성들이 드린 기도와 찬미 위에 이제는 날마다 우리의 기도와 찬미와 감사를 더해야 한다. 우리가 자신에게 주어진 몫에 충실하기만 한다면 기도는 영원히 지속될 것이다. 우리 차례가 되었을 때(지금은 분명 우리 차례다), 기도의 물결이 바다와 산과 들판을 넘어 우리에게 왔을 때, 날마다 자신의 자리에서 기도를 드린다면, 그래서 매 시간이 영존하시는 하나님께 성무일도를 드리는 시간이 되도록 노력한다면 성무일도의 맥은 결코 끊어지지 않을 것이다.

"진리는 서서히 빛을 발한다. 그러지 않았다면 세상은 장님이 되었을 것이다"라고 에밀리 디킨슨(Emily Dickinson)은 말했다.

가끔은 내가 이 길에서 너무 멀리 왔다는 느낌을 지울 수 없다. 하지만 사실 오래 전에 내가 떠났던 그 장소에 내가 여전히 서 있다고도 할 수 있다. 아니면 적어도 그 때 품었던 동일한 의문을 지금도 품고 있는지 모른다.

우리가 "예수 그리스도 자신이 이 세상에서 육신으로 사시는 동안 하나님 아버지께 드린 기도"를 드리지 않는다면 어떤 일이 일어날까? 성무일도를 성심성의껏 실천하지 않는다면 우리에게, 우리 안에, 우리 주위에, 우리를 통해 어떤 일이 일어날까? 쉬지 않고 드려야 하는 기도, 그 기도를 드리는 사람들 중 한 명이 되라는 사명에 응답해서 자신에게 주어진 기도의 몫을 충실히 감당할 때 거룩한 교회에는 어떤 일이 일어날까?

우리보다 앞서간 사람들이 공통으로 드린 기도와 지금 우리의 공동기도서에 있는 성무일도 사이의 연관성을 나는 그 어느 때보다 깊이 의식하고 있다. 우리가 "예수 그리스도 자신이 이 세상에서 육신으로 사시는 동안 하나님 아버지께 드린 기도"를 드렸던 신실한 성도들의 오랜 계보를 잇는데 실패한 맨 처음 세대가 될지도 모른다는 사실을 나는 그 어느 때보다 깊이 인식하고 있다.

아울러 우리의 최우선적인 사명은 살아 계신 하나님을 예배하는 것이며 우리를 통해 기도하시는 그리스도의 기도를 쉬지 않고 지속하는 것임을 그 어느 때보다 깊이 깨닫고 있다.

지금까지 많은 이야기들을 이 지면에 쏟아 놓았다. 과거로부터 이어져 내려온 성무일도의 단순하면서도 놀라운 능력을 되새겼고 개인적인 기도와 아울러 함께 기도해야 할 필요성에 대해서도 피력했다. 성무일도의 생활화와 그에 따른 유익 그리고 장애물에 대해서도 언급했다. 수세기 동안 보이지 않게 흘러내려온 위대한 기도의 강에 대해서도 이야기했다. 과거의 모든 신실한 성도들을 지탱했고, 앞으로도 우리를 포함해 모든 신실한 성도들을 지탱할 기도의 강, 우리는 지금 그 강에 합류할 수 있는 초대장을 받았다.

우리는 성무일도가 우리가 사랑하는 교회, 그리고 그 보답으로 우리를 사랑해 준 교회의 생존을 지탱해 주었다는 것 외에 정말로 회복과 부흥의 열쇠가 되는지를 궁금해 한다.

비록 예배가 우리를 위한 것이 아니고 우리를 창조하신 하나님을 위한 것임을 인식하더라도 성무일도를 드릴 때 우리에게 어떤 유익이 있는지도 궁금했다. 과거로부터 내려온 기도를 드린다고 해서 우리의 마음과 생각, 일, 대인 관계, 그리고 이 세상에 무슨 변화가 생길 것인가?

토머스 머튼이 말했듯이 의도적으로 자기 자신을 잊어버리고 지독한 고독을 바람에 날려버린 채 천국의 댄스파티에 합류하면 어떤 일이 일어날까?

예수님 자신이 드린 기도, 하루 하루를 거룩하게 성화하고 창조주 하나님을 위해 우리를 성결하게 하는 그 기도를 드리기 시작한다면 어떤 일이 일어날까?

우리가 좀더 자주 모인다면(같은 곳에 모이든 다른 곳에 모이든 그것은 사실 아무런 문제가 되지 않는다) 어떻게 될까? 온누리에 기쁨의 찬미와 감사를 드려야 할 차례가 우리에게 다가왔을 때 우리가 날마다 깨어서 쉬지 않고 드려야 할 기도를 정말로 쉬지 않고 드린다면 어떻게 될까?

이 시대 하나님의 군대요, 그리스도의 몸이요, 믿음의 가족이요, 예수님의 제자들인 우리가 현재 약속의 땅 전초기지에 서서 과거로부터 전수

된 기도를 올려드릴 때 우리의 교구와 도시와 나라와 전 세계에 어떤 일이 일어날까?

몇 주 전 우리 교회에서는 주님의 세례를 기념하며 신생아들에게 세례를 주는 시간이 있었다. 참으로 뜻깊은 날이었다.

한 편으로는 광야에서 외치는 소리였던 세례 요한의 이야기를 들었고 다른 한 편에서는 올해 8월에 태어난 새 교인들이 세례 물통 앞에서 울며 외치는 소리를 들었다.

나는 속으로 이런 생각을 했다. '우리 교회에 온 것을 환영한다. 어린 친구들! 너희들의 아침 잠을 방해하고 낯선 사람이 네 머리에 차가운 물을 끼얹어 광야의 외침을 떠올리게 만들었구나.'

세례받는 어린 아기들의 반응을 보면서 그 아이들은 지금 무슨 일이 일어나고 있는지, 환하게 웃고 있는 부모와 모든 과정을 흐뭇하게 지켜보는 교인들에게 세례가 얼마나 의미 있는 의식인지를 완전히 이해하지는 못한다는 생각이 들었다.

'우리 교회에 온 것을 환영한다. 어린 친구들! 우리 어른들도 언제나 모든 것을 이해하지는 못한단다.'

신앙 생활은 우리가 이해하는 것이 아니라 우리가 믿는 것과 관련이 있다. 하나님에 대해 알게 하는 것들보다는 하나님께로 마음이 끌리게 하는 것들에 더 깊이 연관되어 있다. "하나님에 대해 아는 모든 것들이 더 깊은 신비로 이끈다"라고 마크 잘즈만(Mark Salzman)의 소설에 등장하는 나이 많은 수녀는 이야기했다. 옳은 말이다. 성무일도를 알고 이해하기 위해 모든 것을 알고 이해해야만 하는 것은 아니다. 그러나 성무일도에 마음이 끌린다면 우리는 기도를 시작할 수 있다. "네, 기도하겠습니다"라고 말할 수 있다.

우리는 하나님을 시중드는 종이 되어야 한다. 전 세계가 쉬지 않는 기도 속에 들어가기 위해서는 우리가 자신의 몫을 감당해야 한다.

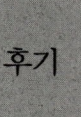

후기

성무일도를 하는 사람은 방 안에 혼자 있더라도 결코 혼자가 아니다. 다른 사람들이 그와 함께, 그를 위해, 그를 대신해, 그와 나란히 기도하고 있기 때문이다. 기도서에서 말하듯 하늘과 땅의 성도들과 함께 기도한다는 사실, 그리고 창조주 하나님의 자비하심을 증거하는 사람들에게 둘러싸여 있다는 사실에 대해 나는 언제나 고마운 마음을 금할 길 없다.

책을 쓸 때도 마찬가지다. 적어도 나에게는 그렇다. 나에게 약간의 압박(?)을 가하면서 나와 함께, 내 곁에 있어 준 사람들로 인해 언제나 고맙고 감사하다. 그들이 없었다면 내가 쓴 글들은 형편없이 싱겁고 맛이 없어졌을 것이다.

이번에는 특히 모베르그, 다니엘, 티클 씨에게 고마움을 전하고 싶다. "영성의 보화 시리즈"를 기획하면서 영광스럽게도 나를 추천해 주었다.

보거, 치톰, 토마스 넬슨 출판사의 모든 식구들에게도 감사하다. 내 책을 위해 기울인 그분들의 노력과 수고는 잊지 못할 것이다.

한 문장, 한 문장 정성스럽게 다듬어준 스테어, 테리에게도 심심한 감사를 전한다.

언제나처럼 내게 집필의 장소를 마련해 준 메리골드의 존스에게 감사드린다.

내쉬빌의 크라이스트 처치 교회 성도들, 머프리즈버러의 세인트 폴 교회 성도들, 크레이의 세인트 프랜시스 교회 성도들에게도 고마움을 전하고 싶다. 이 책에 담고 싶은 내용들을 조금씩 맛보일 때마다 열심히 귀기울여 주었던 친절함과 배려를 잊지 못할 것이다.

마지막으로, 과거에 성무일도를 드렸던 모든 이들, 현재 성무일도를 드리는 모든 이들, 그리고 앞으로 성무일도를 드릴 모든 이들에게 누구이든, 어디에 있든, 나의 고마운 마음을 그들에게도 전하고 싶다.

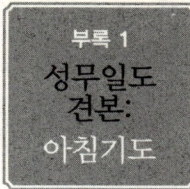

아침기도

아침기도의 초대송
하나님이 이르시되 빛이 있으라 하시니 빛이 있었고
빛이 하나님이 보시기에 좋았더라
하나님이 천지를 창조하셨으니
그 이름을 찬양할지라

시편 기도 (시편 95편)
오라 우리가 여호와께 노래하며
우리의 구원의 반석을 향하여 즐거이 외치자
우리가 감사함으로 그 앞에 나아가며
시를 지어 즐거이 그를 노래하자

여호와는 크신 하나님이시요 모든 신들보다 크신 왕이시기 때문이로다
땅의 깊은 곳이 그의 손 안에 있으며 산들의 높은 곳도 그의 것이로다
바다도 그의 것이라 그가 만드셨고 육지도 그의 손이 지으셨도다
오라 우리가 굽혀 경배하며 우리를 지으신 여호와 앞에 무릎을 꿇자
그는 우리의 하나님이시요 우리는 그가 기르시는 백성이며
그의 손이 돌보시는 양이기 때문이라

시작 기도
전능하신 하나님이시여 우리 자신만 섬기는 이기심에서 우리를 구하소서
그리하여 우리가 하나님이 주신 일을 할 수 있게 하소서
진리와 아름다움 가운데 만인을 위하여 일하게 하소서
우리 가운데 섬기는 분으로 오신 주님을 위하여,
성령과 함께 우리 가운데 거하시는 주님을 위하여 살게 하소서
유일하신 하나님께 이제와 영원히 아멘

찬미가 (누가복음 1장 중에서, 공동번역)
찬송하리로다 주 이스라엘의 하나님이여 그 백성을 돌보사 속량하시며
우리를 위하여 구원의 뿔을 그 종 다윗의 집에 일으키셨으니
이것은 주께서 예로부터 거룩한 선지자의 입으로 말씀하신 바와 같이
우리 원수에게서와 우리를 미워하는 모든 자의 손에서 구원하시는 일이라
우리 조상을 긍휼히 여기시며 그 거룩한 언약을 기억하셨도다
우리가 원수의 손에서 건지심을 받고
종신토록 주의 앞에서 성결과 의로 두려움이 없이
섬기게 하리라 하셨도다
이는 우리 하나님의 긍휼로 인함이라
이로써 돋는 해가 위로부터 우리에게 임하여
어둠과 죽음의 그늘에 앉은 자에게 비치고
우리 발을 평강의 길로 인도하시리로다

오늘의 시편

(시편을 선정한다)

성서 독서

(성경 구절을 선정한다)

성도들의 기도

전능하신 하나님이시여
하나님의 종인 우리들은 겸손하게 감사를 드리옵니다
우리에게 거저 주신 모든 것들과 창조하신 만물에 감사드리옵니다
전 세계를 창조하시고 다스리시고 생명의 축복을 주신
하나님을 송축하나이다
무엇보다 우리 주 예수 그리스도를 보내주셔서
우리를 죄에서 구속하여 주시고
영광의 소망과 한없는 은혜를 주시니 감사드리옵니다
여호와 하나님이여 감사와 찬양을 드리옵니다
하나님의 자비하심을 깨닫게 하시니
진정으로 감사하면서 찬양하게 하소서
입술로만 아니라 우리의 삶으로 찬양하게 하소서
하나님을 섬기는 일에 우리 자신을 드리게 하소서
평생토록 거룩하고 의롭게 살면서
하나님을 찬양하게 하소서
하나님 우리의 간구를 들어주소서

청원기도

신앙의 여정을 함께하는 모든 성도들을 위해 기도합시다
하나님은 우리에게 믿는 성도들을 보내 주셨고

성도들에게 우리를 보내 주셨사오니
그들을 위해 신실한 기도를 드리게 하소서
특히 ○○○를 인도해 주소서…(생략)
주여 우리의 기도를 들어주시고
우리를 불쌍히 여기소서

우리의 사랑하는 자들에게 이 세상에서와 영원토록
한없는 사랑을 베푸시고 돌보아 주실 것을 믿사오며
우리가 바라고 기도하는 것 이상으로
그들에게 역사해 주실 것을 믿사옵나이다
아멘

주여 온 누리에 있는 하나님의 백성과 함께
우리 주 예수 그리스도께서 가르쳐 주신 대로
담대하게 기도하오니
하늘에 계신 우리 아버지…(생략)

마침기도
주님을 송축하며
하나님께 감사드리옵니다
창조자, 구원자, 생명의 주이신 하나님께 감사드리옵니다
우리가 주님을 사랑하고 섬기며
평강 가운데 진실하게 살게 하소서
그리하여 사랑을 모르는 자들이 우리를 진정한 친구로
여기게 하소서
아멘

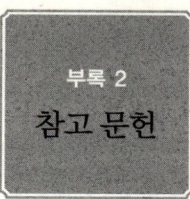

부록 2
참고 문헌

전통적 기도의 맥을 이어가는 성무일도는 구름같이 둘러싼 수많은 양서와 수많은 증인들에 의해 그 진가를 확인받고 있다.

다음에 나열하는 책들은 성무일도를 비롯해서 일반적인 기도와 예배에 관련된 참고문헌들이다.

기도 서적과 성무일도서

우리가 사용할 수 있는 기도서들은 십여 권이 넘는다. 다음에 소개하는 기도 서적과 성무일도서는 내가 전에 사용했던 책들이며 그러기에 내게 가장 친숙한 책들이다. 그러다보니 내가 사람들에게 즐겨 추천하는 기도서들이 되어버렸다.

나의 신앙이나 종교의식은 감리교와 성공회를 배경으로 하고 있기 때문에 다른 교단, 이를테면 루터교, 장로교, 그리스도연합교회 등의 교단에서 사용하는 기도 서적이나 자료들에 대한 정보는 매우 제한적이라는 사실을 밝혀두는 바이다. 만일 당신이 그런 교단의 교인이거나 혹은 그런 교단에 다니는 교인들을 알고 있다면 그곳에서 사용하는 기도서와 성무일도 자료들도 참고하기를 바란다.

내가 이곳에 열거한 책들은 일반적으로 가톨릭 성당이나 성공회 서점에 가면 구할 수 있다. 그 중에서도 대중에 널리 알려진 책들은 시중 서점에서도 손쉽게 구할 수 있을 것이다. 만일 그런 서점에서도 구할 수 없는 책이라면 지역 서점에 가서 특별 주문을 하면 된다. 인터넷 구매를 원하는 독자들을 위해 인터넷 주소도 함께 실었다.

Benson, Robert. *Daily Prayer*, NC: Carolina Broadcasting & Publishing, 2006. www.dailyprayerlife.com

Benson, Robert. *Venite*. New York: Tarcher Publishing, 2000. www.amazon.com

Book of Common Prayer, The. New York: Church Publishing Corporation, 1979. www.churchpublishing.org

Carey, George. *Celebrating Common Prayer* (Society of St. Francis). New York: Continuum, 1999. www.continuumbooks.com

Community of Jesus, The. The Little Book of Hours. Brewster, MA: Paraclete Press, 2003. www.paracletepress.com

Episcopal Church, The. *The Daily Office Book*, New York: Church Hymnal Corporation, 1986. www.churchpublishing.org

Eslinger, Elise S., ed. *Upper Room Worshipbook*. Nashville, TN:

Upper Room Books, 2006. www.amazon.com

Job, Reuben and Norman Shawchuck. *A Guide to Prayer*.
Nashville, TN: Upper Room Books, 1983.
www.amazon.com

Saint Bendict's Prayer Book for Beginners. Ampleforth Abbey, York,
UK: Ampleforth Abbey Press, 1994. www.amazon.com

Tickle, Phyllis. *The Divine Hours*, New York: Doubleday, 2001.
www.amazon.com

Hour by Hour. Cincinnati, OH: Forward Movement
Publications, 2002. www.forwardmovement.org

레지오 마리에, 「성모 소일과」(가톨릭 출판사, 1991).

추천 도서

나는 지난 몇 년 동안 성무일도서를 비롯해서 기도와 관련된 수많은 서적들을 읽었다. 다음에 소개하는 책들은 곁에 두고서 정보가 필요하거나 격려가 필요할 때마다 들추어보는 책들이며 성무일도에 관심을 가진 사람이 있으면 기꺼이 선물해주는 책들이다.

Fry, Timothy, ed. *The Rule of Saint Benedict*. New York:
Random House, 1982. www.randomhouse.com

Guilbert, Charles, Mortimer. *Words of Our Worship*. New York:
Church Publishing, 1988. www.churchpublishing.org

Klein, Patricia S. *Worship Without Words*. Brewster, MA: Paraclete Press, 2007. www.paracletepress.com

Lee, Jeffrey, *Opening the Prayer Book*. Boston: Cowley Publications, 1999. www.cowley.org

기타 정보

* The Academy for Spiritual Formation:
The Upper Room, 1908 Grand Avenue, Nashville, TN 37202, www.upperroom.org/academy

* Episcopal Booksellers Association, www.episcopalbooksellers.org

* Revised Common Lectionary, http://divinity.library.vanderbilt.edu/lectionary

부록 3
용어 풀이

내가 처음으로 성무일도를 시작했을 때 무척이나 낯선 용어들이 있었다. 다음에 소개하는 용어들은 내가 간단하게 뜻을 풀이하고 정리해서 지금까지 사용했던 것들이다. 크게 두 가지 출처를 이용해서 용어의 뜻을 알아냈고 내가 몇 년간 손을 보고 다듬어서 오늘의 형태로 다듬었다. 기도서를 쓴 저자들이 그 방면에서는 나보다 훨씬 더 박식하므로 그 저자들의 책을 적극 활용하기 바란다. 특히 패트리샤 클레인(Patricia Klein)이 지은 「말 없는 예배」(*Worship Without Words*, Paraclete Press, 2007), 찰스 모티머 길버트(Charles Mortimer Guilbert)가 지은 「우리의 예배문」(*Words of Our Worship*, Church Publishing, 1998)을 추천한다. 두 책은 일반 서점에서도 구입이 가능하다.

대침묵(Great Silence)
밤 시간을 이르는 말. 자정에서 새벽까지, 즉 저녁기도를 마치고 다음 날 동이 터서 새벽 기도를 드리기 전까지의 시간을 뜻한다.

성구집(Lectionary)
일 년간 읽어야 하는 성경 구절들을 수록한 책. 가장 널리 쓰이는 성구집은 *The Revised Common Lectionary*이다.

성도들의 공동체(Community of saints)
그리스도와 함께, 그리고 서로 함께 성찬에 참여하는 모든 신실한 교인들을 이르는 말.

성도들의 기도(Prayers of the people)
일반적인 중보기도를 말한다. 교회, 국가, 세계, 지역 사회, 기도가 필요한 사람들, 여행 중인 사람들을 위해 드리는 기도다. 성무일도 중에는 성도들의 기도와 함께 청원기도와 중보기도를 드린다.

성무일도(Daily office)
과거 교회에서 전통적으로 행해지던 전례기도 의식을 일컫는 말이다. 다른 이름으로는 '성무일과', '성무공과', '전례기도' 등이 있다.

시작기도(Collect)
보통 한 문장으로 되어 있는 짧은 기도. 하나님께 드리는 한 마디의 간략한 기도이며 그 뒤에 간구, 감사, 중보의 기도가 이어지고 정해진 끝기도로 마무리된다.

시편서(Psalter)
150편의 시편을 모아서 만든 기도서, 혹은 일과기도서를 말한다.

신경(Creeds)
교회의 기본적인 교리를 담은 신앙 고백문. 공적 예배에서 가장 흔하게 사용되는 신경은 두 가지다. 하나는 초대교회 이후에 만들어진 사도 신경이며 또 하나는 성찬식에서 주로 사용되는 니케아 신경이다.

중단 없는 기도

일과기도서(Breviary)
성무일도를 할 때 낭송해야 하는 시편, 찬가, 일과(日課), 기도문을 수록한 책.

전례(Liturgy)
'사람들의 의식'이라는 의미로서 기독교 예배를 위해 문자화된 예식과 의식을 뜻한다. 성찬식을 위한 전례, 성무일도를 위한 전례는 교회 예배의 근간이 되는 두 가지 주요 의식이다.

죄 고백 혹은 참회의 기도(Confession)
하나님 앞에서 자신의 죄를 뉘우치는 것. 사적으로나 공적으로 죄를 고백하는 시간을 뜻하기도 함.

찬가(Canticle)
성경에서 발췌한 찬양의 노래, 혹은 찬미가.

축도 혹은 마침기도(Blessing)
성무일도에서는 맨 마지막에 드리는 축도, 즉 마침 기도를 의미한다.

옮긴이 소개

안정임은 1990년부터 예수전도단(YWAM)에서 전임사역자로 11년간 사역했고 이후 캐나다 Tyndale University에서 신학을 공부했다. 현재 전문번역가로 활동하고 있으며 역서로는 「하나님 당신을 의심해도 될까요?」, 「위험한 순종」(이상 국제제자훈련원), 「하나님과 친밀해지는 삶」, 「당신에게 없는 믿음」(이상 예수전도단) 등 다수가 있다.

중단 없는 기도

초판 발행_ 2010년 3월 17일

지은이_ 로버트 벤슨
옮긴이_ 안정임
펴낸이_ 신현기
책임편집_ 김동규

발행처_ 한국기독학생회출판부
판권 ⓒ_ 한국기독학생회출판부 2010
등록번호_ 제9-93호(1978.6.1)
주소_ 121-837 서울 마포구 서교동 352-18
대표 전화_ (02)337-2257 · 팩스_ (02)337-2258
영업 전화_ (02)338-2282 · 팩스_ 080-915-1515
IVP Books_ (02)3141-5321
홈페이지_ http://www.ivp.co.kr/ 이메일_ ivp@ivp.co.kr
온라인 산책_ http://www.ivpbooks.co.kr
ISBN 978-89-328-1146-8

책값은 뒤표지에 있습니다.